JN313116

お母さんにエール！

楽観主義の子育て

創価大学教育学部教授
鈎 治雄（まがり・はるお）

第三文明社

まえがき

本書『お母さんにエール！――楽観主義の子育て』は、心理学や教育学の上から、日々、子育てに奮闘《ふんとう》しているお母さん方のために、少しでも、励《はげ》ましの〝エール〟を送ることができればとの思いで、書きつづったものです。

日々、お母さんは、家族の面倒も見ながら、目の回るような忙《いそが》しさの中で、懸命《けんめい》に、子どもと向き合い、子どもを育てています。

そんな日々の尊《とうと》い時間を、家族のために使っているお母さん方に、ぜひ、心がけていただきたいこと――。

まず、一つは、子どもを育てる秘訣《ひけつ》は、さまざまな立場で、わが子の成長を支えてくださっている周囲の方々への感謝と、わが子への感謝を忘れないことに尽《つ》きると思います。

第1章「お母さんの心」では、お母さん自身が、こうした多くの方々の〝陰《かげ》の支え〟

に対する感謝の気持ちと、わが子への感謝をたやさないことが、子どもを大きくはぐくんでいくことに触《ふ》れました。

二つ目には、子どもとの上手《じょうず》なかかわり方を、お母さん自身が、工夫してほしいということです。

第2章「お母さんのかかわり」では、乳児期や思春期における子どもとの上手なかかわり方をはじめ、子どものほめ方についても、触れました。

あわせて、日々の子どものかかわりを振り返る方法についても、提案させていただきました。子どもとの接し方やスキル（技術）を身につけていく上で、参考にしていただければ幸《さいわ》いです。

三つ目は、お母さん自身がもっている本来の力、すなわち、母性愛や平和の創造者としての使命を、ぜひ、忘れないでいただきたいということです。

第3章「お母さんの力」では、そうした意味から、偉大な母の力と役割、魅力《みりょく》について言及しました。お母さんは、母親という尊い立場に、だれよりも、大きな誇《ほこ》りをもってもらいたいと思います。また、この章ではお父さんの役割についても述べました。ぜひ、お父さんにも読んでいただきたいと思います。

四つ目は、日々の育児や家事によって生じるストレスに、うまく対処《たいしょ》してほしいということです。

もちろん、お母さんだけでなく、お父さんも、日々、家族のために働き、一生懸命、子どもの世話をしてくれるでしょう。

しかし、家庭にあって、毎日、毎時間、毎分のように、子どもと向き合っているお母さんにしてみれば、外で働いておられるお父さんとは違った、大きなストレスが溜《た》まりがちです。

どこの家庭でも、お母さんは、子どもの世話だけをしているのではありません。

最近では、パートや会社勤務をされながら、仕事と家事、子育てのすべてをやりきっているお母さんも、大勢《おおぜい》います。

毎日、子どもや家族の世話をするということは、食事を作る、服を着替えさせる、掃《そう》除《じ》・洗濯《せんたく》をするというように、ある意味で、単調なリズムの繰《く》り返しでもあります。

お母さんの大変さは、こうした日々の多忙さと、同じ仕事の繰り返しが同居しているところにある、といっても過言《かごん》ではありません。

第4章「お母さんの生き方」では、お母さんが、日々のストレスに、うまく対処していくためのヒントについて、心理学の観点から、触れてみました。

第4章をとおして、子どもの成長を長い目で見守り続ける、楽観主義的な生き方を、ぜひ身につけていただければと思います。

そして、五つ目は、お母さんは、日々の子どもとのかかわりを、できるかぎり、楽しんでもらいたいということです。

第5章「お母さんの喜び」をとおして、子どもとの交流を存分に楽しむことの素晴《すば》らしさを、知っていただければと思います。

ともあれ、本書をとおして、お母さん方が、子どもを育てることへの自信と誇り、そして、充実感を味わっていただければ、筆者として、これ以上の喜びはありません。

2010年　7月3日

筆　者

お母さんにエール！――楽観主義の子育て《もくじ》

第5章　お母さんの喜び……151

●表紙カバーイラスト・本文イラスト／芝しってる●装幀／澤井慶子

第1章

お母さんの心

★第1節　二つの〝感謝〟

子どもを育てる上で、親として、一番、心がけるべきことは何でしょうか。

一言《ひとこと》でいうならば、それは、親が、〝感謝《かんしゃ》〟の心をたやさないことに尽《つ》きると思います。

常に、感謝の気持ちを持ち続けることだと思います。

一人の親として、忘れてはならない〝感謝〟には、二つの〝感謝〟があるように思います。

〝陰の支え〟に感謝

まず、一つは、わが子の成長を、陰《かげ》で支えてくださっている方々への感謝を忘れないことです。

子どもは、親の存在や力だけでは、一人前の大人へと成長することはできません。

わが子が成長していく過程においては、本当に、多くの方々の誠意と、力添《ぞ》えがあります。

たとえば、学校の中だけを見回しても、先生方はもちろんのこととして、心やさしい友だちや上級生、ボランティアの学生たちが、お母さんの目にはとまらないところで、わが子の成長を支えてくれている場合があります。

同じように、家庭にあっても、夫や祖父母、きょうだいなどの、多くの支えがあります。

私の知り合いのあるご婦人には、お子さんがいません。

しかし、そのご婦人は、わが子を育てる思いで、地域の子どもたちの育成に、一生懸命《いっしょうけんめい》、たずさわっています。

地域には、朝に夕に、子どもたちの登下校の安全を見守ってくださる、年配の方々もいます。

最愛のお子さんを亡《な》くされた、あるご夫婦は、真心《まごころ》からの寄付をとおして、学校という子どもたちの学びの場を、支え続けてきました。

多くの逸材《いつざい》を輩出《はいしゅつ》していることで知られる、アメリカのマサチューセッツ州にあるハーバード大学のキャンパスには、数百万冊の図書が所蔵《しょぞう》されていることで知られる、ワイドナー記念図書館があります。

こうした世界有数の図書館もまた、一九一二年に起こった豪華客船タイタニック号の沈《ちん》没《ぼつ》事故で、夫と最愛のお子さんを亡くしたある夫人の寄贈《きぞう》によって、建てられたものです。

学校だけにかぎらず、子どもたちが成長していく過程では、本当に多くの方々の真心の支えがあります。

お母さんは、こうした多くの方々の、〝陰の支え〟に対する感謝の気持ちを、ぜひ、忘れないでいただきたいと思います。

わが子への感謝

そして、もう一つ、お母さんが忘れてはならない感謝――。

それは、〝わが子への感謝〟ということです。

私たちはよく、「子どもは親を選べない」という言い方をすることがあります。

子どもには、親を選択できる権利がないという意味が、込《こ》められているようです。

確かに、子どもという存在に対して、一面では、そうした見方も、できるかもしれません。

しかし、親の心構えや姿勢《しせい》という点では、〝子どもは、自《みずか》ら願って、親の元に生まれてきた〟という見方をしていくことも、大切ではないでしょうか。

世の中には、私たちよりも、人間的に立派な大人が大勢《おおぜい》います。

経済力や地位、名誉《めいよ》といった点でも、私たちよりも、はるかに秀《ひい》でた人も、たくさんいることでしょう。

しかし、子どもは、あえて、そんな大人たちをはねのけて、「お母さん！　私は、あなたに育ててもらいたい」という強い思いで、この世に生まれてきた、ともいえるのではないでしょうか。

そのように考えてみますと、わが子に対する感謝の気持ちが、自然と沸《わ》き起こってきます。

わが子に対する接し方が、自《おの》ずと変わってくるはずです。

〝感謝〟の心が子どもを育てる

子どもを育てるということは、大変な苦労をともないます。

お母さんにしてみれば、育児を投げ出してしまいたいと思うことも、一度や二度ではないはずです。

しかし、わが子が、お母さんを、たった一人の親として、選んで生まれてきてくれたと考えたら、どんな苦労も、乗り越えられるはずです。

子どもへの虐待《ぎゃくたい》なども、起こるはずがありません。

親として、わが子の世話をできる時間には、かぎりがあります。

子どもの世話をし、子どもを育てられる期間は、あっという間に、過ぎ去っていきます。

それは、長い人生からみれば、束の間《つかのま》の出来事といえるかもしれません。

そうした意味では、お母さんは、子どもとともに過ごせる時間を、だれよりも、大切にしてもらいたいと思います。

そして、わが子への感謝の気持ちを忘れることなく、子どもとかかわってあげてください。

多くの方々による〝陰の支え〟に対する感謝と、わが子への感謝――この〝二つの感謝〟があれば、子どもは、お母さんの心を、体いっぱいに吸収して、大きく、大きく、成長を遂《と》げていくにちがいありません。

★第2節　わが子は〝名優〟！

お母さんの日々の生活や人生において、子どもという存在は、どんな意味があるのでしょうか。

日ごろ、お母さんたちは、わが子という存在を、どのように見ているのでしょうか。

お母さんの心に、わが子は、どう映《うつ》っているものなのでしょうか。

お母さんの心理や、本音《ほんね》に迫ってみたいと思います。

いとおしい存在

一つには、いうまでもなく、子どもは、母親にとって、かぎりなく、いとおしく、かわいい存在であるということです。

〝かわいい〟という心理には、〝大切である〟、〝労《いたわ》しい〟、〝つらい〟、〝なやましい〟、〝不《ふ》憫《びん》である〟といった思いや感情が、少なからず、関係しています。

お母さんの心理を、見事に詠《うた》いあげた川柳《せんりゅう》を、幾《いく》つか、紹介してみましょう。（大野風柳代表選者『日本一感動を呼ぶ「母」への一句』日本文芸社より）

「母の追伸《ついしん》　本文よりも　長くなり」（今井八重作）
「六十の　子の心配を　母はする」（畠中茂作）
「何やかや　口実つけて　子へ電話」（山口勝子作）

こうした川柳には、幾つになっても、わが子に対して、心配事《しんぱいごと》がつきない母親の心理、また、子どものことを思ってやまないお母さんの心情が、見事に、描写《びょうしゃ》されています。

子どもがかわいいだけに、不憫に思う気持ちもまた、人一倍です。

それが、お母さんの心というものなのでしょう。

〝生きがい〟としての子ども

今一つは、お母さんにとって、子どもは、生きがいであるということです。

子どもは、お母さんの生活に、何よりも、張《は》り合いを与えてくれます。人生に、喜びや希望を与えてくれます。

しかし、子どもが成長を遂《と》げる過程で、母親が、〝心の支え〟となっているように、お母さんもまた、子どもから、生きるエネルギーを、たくさんもらっています。

「子の出世　つらい思い出　など忘れ」（田中弘子作）

「応援団　最前列に　母が居《い》る」（土屋久昭作）

「再起の日　母の涙が　陰《かげ》にある」（松岡葉路作）

自らの生活を犠牲《ぎせい》にしてまでも、わが子の幸せを願って、懸命《けんめい》に生き抜《ぬ》いてきた母。母の子を思う気持ちに、かなう人などいません。

目の前で頑張《がんば》っているわが子に、なりふりかまわず、声援を送り続ける母……。人知れず、努力を重ねて、仕事に復帰《ふっき》するまでにいたったわが子への思い……。子どもを生きがいとする母の心情は、男の子に対して、より一層、強いというお母さんもいました。

母親は〝世界一のファン〟

母親という陰の存在は、人生という舞台で、役を演じ続ける、子どもという名優《めいゆう》の最大のファンなのです。

わが子という名優を慕《した》う気持ちは、世界で一番。正真正銘《しょうしんしょうめい》の本物のファンです。子どもは、ちょっぴり、わがままで、身勝手なところがありますから、わが子が、〝母親が一番のファン〟だと気づくまでには、少々、時間がかかるかもしれません。

でも、母親という本物のファンは、子どもを裏切ることは、ありません。

もちろん、こうした母親の心理も、度が過ぎると、過保護や溺愛《できあい》にならないともかぎりませんから、気をつける必要があります。

とりわけ、思春期《ししゅんき》の子どもたちにとっては、過度《かど》な母親のかかわりは、大きな負担となる場合がありますから、注意が必要です。

子どもを慕えるお母さんに

しかしながら、最近では、打撲《だぼく》やあざ、骨折《こっせつ》などの外傷《がいしょう》をともなう身体的虐待《ぎゃくたい》や、子どもの保護を怠《おこた》ったり、育児を拒否し、放棄《ほうき》するネグレクト（育児放棄）などの虐待が、深刻《しんこく》になっています。

厚生労働省の発表によりますと、２０１６年度に、全国の児童相談所がおこなった、児童虐待相談の対応件数は、およそ12万３０００件でした。

この数字は、前の年を、１万９０００件以上、上回っていることになります。

内訳をみますと、心理的虐待が約６万３０００件、身体的虐待が約３万２０００件、約2万６０００件のネグレクトが、これに続いています。

こうした数字が物語っているように、現代においては、子どもを守り、育てるという親の力が、弱まりつつあります。

〝子どもを養護《ようご》する親の力が衰《おとろ》えつつある〟――といっていいかもしれません。そうした時代であるからこそ、特に、若いお母さん方には、子どもを慕《した》う気持ちの尊さや素晴らしさ、子どもを養《やしな》い、育てることの喜びを、ぜひ、知っていただきたいと思うのです。

★第3節　〝笑顔〟という宝物

〝喜怒哀楽《きどあいらく》〟という言葉があるように、喜びや怒《いか》り、悲しみや楽しみは、私たちにそなわった、ごく自然な感情です。

こうした感情は、表情として、私たちの顔に出ます。

子どもは、大人の表情に対して、とても敏感《びんかん》です。

心理学者の星野喜久三氏（北海道教育大学名誉教授 1929～2014）の研究によれば、すでに、3歳児の大半が、絵で描いた複数の顔の表情、すなわち、〝喜んでいる顔〟や〝楽しそうな顔〟、〝悲しそうな顔〟、〝怒《おこ》っている顔〟などの表情図を見せられたときに、それらの顔が、どのような感情や気持ちを表しているかを、言い当てることがわかっています。

長くて短い言葉――〝ｓｍｉｌｅｓ〟

さまざまな表情の中でも、とりわけ、〝笑顔《えがお》〟は、他の動物とは異なり、人間だけに与えられた特権です。

つまり、笑顔こそが、人間らしさの証《あかし》であり、コミュニケーションの源《みなもと》であるといえます。

〝ほほ笑み〟や〝笑顔〟は、英語（複数形）だと、〝ｓｍｉｌｅｓ《スマイルズ》〟――。

アメリカのアレン・クライン（Allen Klein 1938～）は、〝ｓｍｉｌｅｓ〟は、世界で一番長い言葉だといいます。（『笑いの治癒力』創元社）

なぜならば、はじめの「ｓ」と、終わりの「ｓ」との間には、およそ、１・６キロメートルもの距離をあらわす、「ｍｉｌｅ」という単位が、含まれているからです。

その一方で、〝ｓｍｉｌｅｓ〟は、世界で一番、短い言葉であるとされます。

その訳《わけ》は、〝笑顔〟に秘《ひ》められた、やさしさや温《あたた》かさといった気持ちや感情は、瞬時《しゅんじ》に、相手に伝わるからです。

わが子が、落ち込んで、背中を丸めて、家に帰ってきたときでも、お母さんの笑顔は、疲《つか》れた心を、一瞬で癒《い》やすことができます。

重たい心も、いっぺんに軽くなります。

クラインは、笑顔と同様に、ユーモアもまた、逆境《ぎゃっきょう》に立ち向かい、乗り越える手助けをしてくれる、と述べています。

〝機嫌がいい〟ということ

とはいえ、日々の生活の中で、お母さんだって、つらいことや、泣きたくなることが、いっぱいあります。

家事や育児だって、投げ出したいと思うこともあります。

イライラして、周囲に当たり散《ち》らしたくなることもあるでしょう。

どんなに頑張り屋のお母さんでも、時には、考えることや行動すること自体がうっとうしくなったり、むしゃくしゃして、すべてのことに、けちをつけたくなるときがあります。

生活に疲れ、家族や周囲の人の顔を見ていても、何一つ、良さや魅力《みりょく》を、感じられないこともあるにちがいありません。

そんなときは、気持ちがおさまってからで、けっこうです。落ち着きを取り戻せたら、子どもたちのために、また、ぜひ、すてきな笑顔を、プレゼントしてあげてください。

〝ほほ笑み〟や〝笑顔〟をたやさないということは、〝機嫌《きげん》がいい〟ということでもあります。

フランスの哲学者、アラン（Alain 1868～1951）は、『幸福論』の中で、日々の生活において、〝上機嫌という治療法《ちりょうほう》（機嫌の良い立ち振る舞《ま》い）〟が、とても効果的である、と述べています。

つらいことがあっても、ちょっと休んで、気持ちが落ち着いたら、〝機嫌よく振る舞うように、努力しよう〟というのです。

機嫌よくすることを心がけていると、どんな悩《なや》みに直面していたとしても、悩みも、やがて、活《い》かされるときが、必ずくるといいます。

坂道をのぼるおかげで、足腰《あしこし》が鍛《きた》えられるように、つらいことがあっても、機嫌よく振る舞うことで、そうした苦労は、必ず、将来に生きてくる、とアランはいうのです。

どんな状況であろうと、機嫌よく振る舞うことで、物事の展開が、まったく違ってくるというのです。

“笑顔”は、永遠に残る宝物

地球に、太陽の光がなくてはならないように、お母さんの笑顔は、家族にとって、かけがえのないものです。

お母さんの笑顔には、子どもの元気を引き出す、特別な力があります。

子どもに安心感を与える、不思議な魅力があります。

あらゆるつらさや困難を、包《つつ》み込む力をそなえています。

お母さんの笑顔にふれることで、私たちは、どれほど救われ、勇気づけられてきたことでしょうか。

お母さんの笑顔に、どれだけ、心が癒やされたことでしょうか。

さまざまな表情の中でも、笑顔ほど、人の心をつかんではなさないものはありません。

笑顔ほど、人々の心に、うるおいを与えてくれるものはありません。

お母さんの笑顔は、たくさんの笑顔の中でも、子どもにとっては、超一級品です。

お母さんの笑顔は、わが子への最大の贈《おく》り物である、といっていいでしょう。

人が大人になってからも、心の中に永遠に残り続けるもの——それは、〝母の笑顔〟という、最高の宝物であることを、忘れないでください。

★第4節　若者が望む〝母親像〟

アメリカのオズボーン（A.F.Osborn 1888～1966）が、考案した集団的思考法に、「ブレーン ストーミング」（brain storming）があります。

企業や学校などで、よく用いられている技法の一つです。

ブレーン ストーミングとは、その名のとおり、「頭脳《ずのう》に嵐《あらし》が吹く」という意味があります。決められたテーマに対して、脳に嵐を吹かせるように、皆で、考えや意見を、積極的に出し合うというものです。

この方法は、たくさんのアイデアを生み出していく上で、すぐれた思考法の一つであるといえます。

〝本音〟を知る集団的思考法

やり方は、いたって簡単――。

およそ、10～12名程度の参加者で、一つのグループが構成されます。

そして、グループで、決められたテーマに対して、考えを出し合うのです。

まず、グループで、進行係を、一人、決定します。次に、記録係を一人、決めます。記録係は、メンバーが出したアイデアを、用紙に記録していきます。

ルールもいたって簡単です。次の四つの約束さえ守れば、ＯＫです。

一つ目は、「批判厳禁《げんきん》」。人が出したアイデアに対する批判は、禁止です。二つ目は、「質よりも量」。つまり、アイデアは、できるかぎり、数多く出すことを心がけます。

三つ目は、「自由奔放《ほんぽう》」。アイデアや考えに、「これは駄目《だめ》！」といった制限は、一切《いっさい》ありません。

そして、四つ目のルールは、「便乗歓迎《びんじょうかんげい》」。前の人が出した考えに、便乗するかたちで、よく似《に》たアイデアや、少しだけ中身を変えた考えを出すことも、もちろん、大歓迎です。

かつて、私は、この方法を使って、「こんな親がいたらいいな！」をテーマに、学生たちに、自由に考えを発表してもらいました。

出された意見は、どれも本音《ほんね》が見え隠《かく》れしていて、とても興味深《きょうみぶか》い内容となっています。

ここで、学生たちによって出された、自分たちが望む親像の一端《いったん》を、整理して、紹介してみましょう。

〝かかわり〟の面では？

初めに、子どもとの〝かかわり〟の面で、望む親とは、どのような親でしょうか？

それは……。

いつも笑っている親／面白《おもしろ》い親／やさしい親／怒らない親／おいしいご飯を作ってくれる親／一緒《いっしょ》に遊んでくれる親／休みにどこかへ連れて行ってくれる親／勉強の教え方がうまい親／子どもの考えを頭ごなしに否定しない親／家に帰ると必ずいてくれる親／子

どもの悩みに気づいてくれる親／年をとってもうるさくない親／めったに家に帰ってこない親……。

明るくて、気配《きくば》りがあり、それでいて、干渉《かんしょう》しすぎない親を望んでいることがわかります。

〝外見や格好〟、〝才能〟の面では?

続いて、外見や才能の面で〝望む親〟とは?

いつまでも若々しい母／ファッションの最先端をいっている母／パリコレに出てくるモデルのような母／俳優《はいゆう》の渡哲也や渡辺謙のような父／料理が一流シェフ並みの親／一緒に買い物に連れていける父／彼氏のようなお父さん／超有名人の父……。

若者の感覚では、親の容姿《ようし》や格好《かっこう》、才能の面でも、かなり、要求度が高いことがわかります。

次のような、ユーモアあふれる、親に対する願いも飛び出しました。

白髪《しらが》のはえない父／年齢《とし》に関係なく子どもを産《う》める母／ゴキブリを素手《すで》でつかめる親／無農薬な親／子ども孝行な親／世界の料理をすべてマスターしたお母さん／動物と話ができる親／気持ち悪いくらい夫婦仲がいい親……。

どれも、思わず笑いがこみあげてきます。

生き方の面では？

最後に、人としての生き方の上で、〝望む親〟とは？

夢を持ち続ける親／貧乏だけれど打たれ強い親／毎日一生懸命生きている親／何事にも前向きな親／広い視野《しや》をもった親……。

若い世代が、真に望んでいる親の姿を垣間見る《かいまみ》ことができて、幸せな気分になります。

耳を傾ける〝ゆとり〟を

出された「考え」の多くは、現実の親の姿から、かけ離《はな》れたものであるかもしれません。しかし、なかには、努力次第で、実現可能なものもあります。遊び心でもけっこうです。若者が描《えが》いた父母像に、ちょっぴり近づこうとすることで、親子関係が、これまでとは違った、新鮮《しんせん》なものになるかもしれません。

日々の親子関係に、変化やうるおいを与える意味で、このような声にも、ぜひ、耳を傾けてみてください。

良い親子関係をつくり上げていくためには、こうした若者の目線にも、目を向けられるだけの心のゆとりが、きっと、親の側にも、必要なのだと思います。

★

第5節　夫婦の心がけ

子どもを育てていく上においては、当然のことながら、お父さんとお母さんとの関係が、とても大事になってきます。

お父さんとの関係が、ギクシャクしていると、お母さんのイライラ感も、募《つの》る一方です。お母さんも生身《なまみ》の体です。ストレスも、ピークに達すると、子どもと接する態度にも、影響が出てきます。その矛先《ほこさき》が、わが子に向けられることがあっても、不思議ではありません。

子育てを、家を建てることにたとえますと、お父さんとお母さんとの関係は、家を建てるときの、基礎《きそ》工事や土台作りのようなものであるといっていいでしょう。

子どもが育つ上においては、家庭教育の土台である、お父さんとお母さんとの関係が、とても大切になってきます。

良い夫婦とは

では、夫婦が、良い関係を維持《いじ》していくためには、どのようなことが、求められるのでしょうか。

一つのヒントとして、ある心理学者は、①自由、②共同、③創造、④互譲《ごじょう》(譲《ゆず》り合い)、⑤共感《きょうかん》、⑥信頼の六つをあげています。(近藤裕『夫と妻の心理学』創元社)

しかし、これらすべてを、毎日の生活の中で、実践《じっせん》することは、決して、容易《ようい》ではありません。

わが家ももちろんのこと、非《ひ》の打ちどころのない、完璧《かんぺき》なお父さんとお母さんとの関係など、どこの家庭にも見あたらないからです。

そこで、ここでは、このうち、特に、実行に移すことが可能だと思われる、〝共同〟、〝互譲〟、〝共感〟、〝信頼〟の四つに注目して、良き夫婦関係のあり方について、私なりの考えを述べてみたいと思います。

〝共同〟と〝互譲〟

まず、〝共同〟とは、互いに無視し合うことなく、行動をともにすることです。たまには、一緒《いっしょ》に買い物に出かける、たまには、二人で食事を作る、たまには、一緒に掃除《そうじ》をする、たまには、二人で旅行をする、というように——。

大事なことは、決して無理をしないことです。

友だち関係であれ、親子関係であれ、夫婦関係であれ、〝たまには〟、というところが、良き関係を、長く持続させる秘訣《ひけつ》ではないでしょうか。

〝互譲〟とは、互いに譲り合うこと——。自分の考えだけを、相手に押しとおそうとしないことです。「譲る」とは、自分のほうから折《お》れる、ということを意味します。

車の運転であれ、エレベーターの乗り降りであれ、譲り合うということが、ストレスを溜《た》め込まないための基本です。

夫婦の関係も然《しか》りです。時には、夫の意見を尊重《そんちょう》する、時には、「あなたの考えももっともね」と言ってあげる——。

〝互譲〟とは、良き伴侶《はんりょ》として、時には、相手を立てて、自身の考えを引っ込めることをいいます。

〝共感〟と〝信頼〟

〝共感〟とは、相手の話に、しっかりと耳を傾《かたむ》けることである、と思います。きょう一日の出来事を話す妻に、「そうなんだあ。そんなことがあったんだ」と、相槌《あいづち》を打ってあげる。

それだけでも、お母さんのストレスは、随分《ずいぶん》と軽減《けいげん》されるものです。

〝信頼〟とは、お互いのやっていることを、さげすんだ目で見ないこと――。尊敬できる点を、見つけることです。長所を発見し合うことです。

夫婦関係にかぎらず、良い人間関係を、維持し続けるためには、やはり、お互いの努力と気づかいが不可欠です。

親子関係を、望ましいものにしていくためには、詰《つ》まる所は、遠回《とおまわ》りのようですが、円満な夫婦関係を、築《きず》いていくことに尽きると思います。

創価《そうか》教育《きょういく》の父である牧口常三郎《まきぐちつねさぶろう》先生は、〝急《いそ》がば回れ〟という言葉を好んで用いました。

牧口先生は、理想の社会を実現していくためには、政治や経済、その他の社会政策は、どのように苦心しても、それらは、所詮《しょせん》、膏薬張《こうやくは》りの対症療法《たいしょうりょうほう》にすぎないと指摘されています。

そして、根本の治療は、〝急がば回れ〟で、遠回りのようでも、教育よりほかにはないことに言及されています。（『創価教育学体系Ⅲ』聖教文庫）

家庭教育もまた、その原理は、同じであると思います。子どもの教育といっても、やはり、その原点は、お父さんとお母さんが、互いに、相手を思いやる気づかいと、尊敬の心をたやさないことにあるということを、あらためて、確認し合いたいと思います。

このあとの第3章・第5節でも触《ふ》れますが、アメリカの家族カウンセラーであるグッドマン（D. Goodman）の言葉を借《か》りるならば、それは、「夫婦の愛」ということになるかと思います。

夫と妻、双方《そうほう》の努力と歩《あゆ》み寄りによって、ぜひ、心豊かな家庭を築いていただきたいと思います。

第6節　子どもの成長を見守る

明治、大正、昭和の三つの時代を生き抜いてきた、わが国のすぐれた教育者の一人に、前節でも紹介しました、牧口常三郎《まきぐちつねさぶろう》先生がいます。

牧口先生は、1871年（明治4年）の6月に、新潟県柏崎《かしわざき》市で生まれました。

1893年（明治26年）に、北海道尋常《じんじょう》師範学校を卒業した牧口先生は、附属《ふぞく》小学校の訓導《くんどう》（教師）として、複数の学年の子どもたちが、一つの学級で学ぶ単級教室を受け持ち、その教授の仕方について研究に取り組むなど、北海道の地で活躍《かつやく》しました。

牧口先生と『創価教育学体系』

その後、東京に活動の舞台《ぶたい》を移した先生は、1963年（大正2年）に、当時の下谷《したや》区の東盛《とうせい》尋常小学校の校長に就任《しゅうにん》した後、大正《たいしょう》、西町《にしまち》、三笠《みかさ》、白金《しろかね》などの尋常小学校で校長を務《つと》め、教育界に、多大な貢献《こうけん》をしてきました。

つい先日も、東京都台東区の大正小学校を訪《たず》ねる機会がありました。

大正小学校は、かつては、大正尋常小学校といわれ、1916年（大正5年）に新設され、牧口先生が、初代の校長を務めた学校として、知られています。

大正小学校の校長室にお邪魔《じゃま》しますと、初代校長である牧口先生の顔写真が、歴代の校長先生の写真の最初に掲《かか》げられており、深い感動を覚《おぼ》えます。

牧口先生は、東京での教員生活を経て、1930年（昭和5年）11月18日に、創価教育学会を設立しました。

2030年には、創立100年の佳節《かせつ》を迎えることになります。

1930年の11月18日は、牧口先生が、『創価教育学体系』の第1巻を、発刊した日でもあります。

牧口先生は、『創価教育学体系（第3巻）』の中で、子どもの教育について、次のように述べています。

「善の感化をなさざることを憂《うれ》うるよりは、人の子を賊《そこな》うことを恐れるのを忘れぬ様《よう》にしなければならぬ」（『創価教育学体系Ⅲ』聖教文庫）

〝持ち味〟を摘み取らない

「人の子を賊う」とは、「教え導《みちび》く方法を誤《あやま》って、年少者を良くない人間に育ててしまう」（日本国語大辞典）という意味の言葉です。

「賊う」とは、子どもを傷《きず》つけること、子どもに害を与えること、無法《むほう》なおこないをすることです。

牧口先生は、教師の自負心《じふしん》で、子どもに、自らが、良い影響を与えようとするあまり、かえって、子どもの成長の芽《め》や、持ち味までを、摘《つ》み取ってはならない、と述べたのです。

教師は、熱意や自信が高《こう》ずるあまり、行き過ぎたかかわりをすることによって、むしろ、子どもの成長の可能性や、やる気を奪《うば》ってしまう場合があります。

この言葉は、本来、学校の先生に対して、留意《りゅうい》するように、戒《いまし》めたものです。

しかし、こうした指摘は、そのまま、お父さんやお母さんにも、あてはまるのではないでしょうか。

親は、自らの立場や権威《けんい》を誇示《こじ》しようとするあまり、上からの目線で、子どもと接することがあります。

「かずお、お母さんの言うことを聞きなさい。そうでないと、後悔《こうかい》するわよ」といった、一方的な指示や、命令的な口調で、子どもの気持ちや思いに反した、かかわりをしている場合があります。

子どもに、大きな期待をしすぎるあまり、学習面でも、過剰《かじょう》な要求を、子どもにしがちです。

「ひろし、こんな勉強の仕方じゃ、志望校には受からないわよ」といった、言葉かけをしがちです。

親が、よかれと思ってしていることでも、子どもにとっては、大きな負担となっている場合があります。

子育ての過程で、ともすれば陥《おちい》りがちな、こうした落とし穴に、私たちは、注意を向ける必要があります。

子どもの〝可能性〟を引き出す

子どもには、親が推《お》し量《はか》ることのできない、無限の成長の可能性が、いっぱい詰《つ》まっています。

牧口先生は、そうした無限の可能性がいっぱい詰まっている子どもたちの存在を、仏教の言葉を用いて、〝如意宝珠《にょいほうじゅ》〟と呼んでいます。そして、親や教師は、そのような子どもたちの成長のための良き補助者《ほじょ》であり、誘導者《ゆうどう》、産婆役《さんば》、幇助者《ほうじょ》でなくてはならない、と述べています。

つまり、子どもの成長を援助《えんじょ》する存在でなくてはならない、と指摘しているのです。

私たちは、自らの考えを、子どもに押しつけようとするのではなく、一人の人間として、謙虚《けんきょ》に、子どもとかかわっていくことが大切です。

誠実に、子どもに寄《よ》り添《そ》うことで、子どもの自立を、側面から、支えていく必要があります。

お母さんには、元来、子どもの成長を見守ることのできる、温《あたた》かさがそなわっています。

子どもの悩みに寄り添える、やさしさがあります。

子どもの、かぎりない可能性を引き出せる力をもっています。

子どもを幸せにできる、強さがあります。

こうした、母親の中に秘《ひ》められた力や、陰の支えがあるからこそ、子どもは、未来に、大きく、たくましく、羽《は》ばたいていくことができるのです。

第2章

お母さんのかかわり

★第1節　子どもの〝ほめ方〟

子どもを〝ほめる〟という行為を抜きにして、教育を語ることはできません。

子どもにかぎらず、ほめられることで、私たちの自尊心《じそんしん》は、自《おの》ずと、高まります。

元気が出て、何事にも、意欲がわいてきます。

しかし、お母さんにかぎらず、どうも私たち大人は、ほめることが得意であるとはいえないようです。

私たち大人は、もっと子どもをたたえる努力や工夫を、惜《お》しむべきではないと思います。

人の良さを認められる人は、魅力《みりょく》にあふれています。心の広い人です。

人を心からたたえることができる人は、人間として器《うつわ》の大きい人です。

感謝の気持ちを伝える

〝ほめる〟という行為は、素晴らしいことなのです。

〝ほめる〟という行為の特徴《とくちょう》は、一つには、大抵《たいてい》の場合、そこに、親や教師といった大人や、目上の人の側の評価がともなうということです。

たとえば、「よく頑張《がんば》ったね」「えらいわね」「いい子だね」「お利口《りこう》さんね」といったほめ言葉には、ほめ手のほうの評価が、暗黙《あんもく》のうちに含まれています。

〝ほめる〟という行為の今一つの特徴は、目上の立場にある人から、目下《めした》の立場にある人に対してなされるものである、ということです。

ですから、おかしなもので、たとえば、本来、学生をほめるべき立場にある私が、反対に、学生から、「先生は、授業もたくさんもたれているのに、本の執筆《しっぴつ》までされて、偉《えら》いですね」などと言われると、何だか、変な気持ちになってしまいます。

それはそれとして、親や教師のほめるという行為は、子どものやる気や意欲を高めていく上で、とても大切なことです。

それでは、最もすぐれた、質の高い称賛《しょうさん》とは、どのような〝ほめ方〟をいうのでしょうか。

それは、アメリカの心理学者ギノット（Haim Ginott 1922～73）も指摘しているように、親が子どもに対して、心からの感謝の気持ちと、喜びを伝えることです。

親が、感謝の気持ちと喜びを伝えることとは、子どもを一人の人格者として、尊重《そんちょう》しているということにほかなりません。

相手に感謝の気持ちを伝える、最もすぐれたメッセージとは、「ありがとう」「うれしい」という、二つの言葉につきると思います。

子どもが、食器洗いをしてくれたら、「本当にありがとう。お母さん、助かったわ！」というように、心からの言葉を、添《そ》えてあげてください。

部屋の掃除をしてくれたら、「お母さん、とってもうれしい。ありがとう」と、お母さんの、心からの気持ちを伝えてください。

洗濯物《せんたくもの》を干《ほ》してくれたら、「とも子が干してくれたんだ！　ありがとうね。うれしいわ」というように、心からのねぎらいの言葉をかけてあげてください。

子どもへの感謝と喜びを伝えるメッセージは、親の人間としての価値を高めることになります。

そして、子どもを、幸せな気分へと導《みちび》いてくれます。

子どもにとって、親から、感謝や喜びのメッセージを伝えられることほど、うれしいことはありません。

〝ほめ方〟に工夫を

ところで、わが子をほめる場合には、お母さんだけでなく、〝周《まわ》りの人たちも、あなたを称賛していますよ〟というメッセージを伝えることができれば、より一層効果的です。

たとえば、小学校での個人懇談《こんだん》の席で、担任の先生から、わが子のことを、ほめてもらったとしましょう。

そのようなときには、お母さんは、帰宅した後、わが子を前にして、「きょう、個人懇談のときにね、先生がね、ひろしのことを、とてもほめてくださっていたわよ」と、笑顔で語りかけてあげてください。

こうしたお母さんによる言葉かけは、お母さんと先生の両方が、重なり合って、二重に、ひろし君をたたえていることになり、とても効果的です。

子どもをたたえる場合には、チャンスがあれば、ぜひ、「お隣《となり》のおばさんも、ひろしのことをほめてくれていたわよ」「まさる君のお母さんが、ひろし君が、うちの子の忘れ物を届《とど》けてくれたって、とても喜んでおられたわ」というように、お母さんだけでなく、周りの人も、子どもをたたえ、感謝しているというメッセージを、ぜひ、伝えてあげてください。

父母が協力し合って

家庭にあっては、お母さんは、子どもが手伝いをしてくれた喜びを、一人で心の中にしまっておくのではなく、お父さんにも伝えておくとよいでしょう。

仕事を終えて、帰宅したお父さんに、「きょうは、みち子がアイロンかけをしてくれたの。うれしかったわ」と伝えるのです。

そして、お父さんからも、ぜひ、子どもをほめてくれるように、頼んでおくのです。

もし、お父さんが、それを実行に移してくれたら、結果として、両親ともに、わが子をほめたことになり、称賛の効果も倍増《ばいぞう》するにちがいありません。

お父さんとお母さんが、一緒《いっしょ》になってほめてくれたら、子どもにとって、これ以上の喜びはありません。

お父さんとお母さんの両方による称賛は、どれだけ、子どもの励《はげ》みとなり、自信につながっていくことでしょう。

お母さんは、こうした日々の努力と工夫が、子どもの笑顔とやる気を、引き出すということを、ぜひ知っていただきたいと思います。

★第2節 〝振り返り〟の提案

お母さんにかぎらず、自らの行いを振り返るという作業は、相手との関係を見つめ直していく上で、とても大切なことです。

〝振り返り〟という作業は、自分自身を点検し、新しい一歩を踏《ふ》み出していく上で、大きな意味があります。

心の振り返りとしての〝内観法〟

心理学における、〝心の振り返り〟の技法《ぎほう》の一つに、わが国で開発された、〝内観法《ないかん》〟と呼ばれるものがあります。

〝内観法〟という心理技法には、まず、自分自身の人間的な成長をはかるというねらいがあります。

また、日ごろの親子関係や友だちとの関係など、さまざまな人間関係における葛藤《かっとう》の解決を目指《めざ》しています。

この方法は、本来であれば、集中内観といって、一週間ほど宿泊をして、日々、面接者の助けを借《か》りながらおこなわれるものです。

しかし、最近では、現代人の生活に合わせて、より簡便《かんべん》な形で、実施されることも多くなりました。

臨床《りんしょう》心理学の分野をはじめ、学校教育の場でも、広く活用されています。

方法としては、まず、父や母、夫、友人など、自分とかかわりのある人を一人、頭に思い浮かべます。

そして、自分とその人とのこれまでの関係や出来事について、幾《いく》つかの視点から、振り返るというものです。

つまり、過去のアルバムを、一枚一枚丁寧《ていねい》にめくっていくように、自分を振り返るのです。

実際には、①「してもらったこと」、②「してあげたこと」、③「迷惑《めいわく》をかけたこと」、の三つの観点から、振り返りをするというものです。

〝内観法〟は、いわば、バランスシート（貸借対照表《たいしゃくたいしょうひょう》）的な、思考様式《しこうようしき》が強い手法であると考えられます。

そして、どちらかといえば、相手に対する「貸し」よりも、「借り」に目を向ける技法だといえます。

そのことは、振り返りの三つの柱のうち、「してあげたこと」のみが「貸し」であるのに対して、「してもらったこと」と、「迷惑をかけたこと」は、「借り」に相当する内容となっていることからも、おわかりいただけると思います。

「借り」のほうに、重きを置くわけですから、やや自責《じせき》的な思考様式が強いといいますか、自分を反省したり、責《せ》める傾向が、少し見られるようです。

頭に思い浮かべた相手を非難する前に、これまで、自分がどうであったかを、しっかりと見つめる作業であるといえます。

言い換《か》えますと、相手の立場に立って考える、共感的な思考様式が強い振り返り技法であると考えられます。

新たな三つの視点から

しかし、お母さんが、日々、自信をもって、子育てに励んでいただくためには、これまであった出来事を、もっと、積極的に評価していくことが、大事だと思います。

そこで、私は、こうした〝内観法〟の考え方をふまえて、お母さん方が、日々の子どものかかわりを前向きに点検し、見つめ直すための振り返り方を、提案したいと思います。

具体的には、①してあげたこと（世話）、②一緒《いっしょ》に楽しめたこと（喜び）、③心を動かされたこと（感動・学び）、の三つのテーマ（観点）から、きょう一日の子どもとの関係を、振り返ってみるのです。

そして、それらを、ノートや日記などにつづってみてはいかがでしょう。

一、「してあげたこと（世話）」

一つ目の「してあげたこと（世話）」では、「心をこめてお弁当を作ってあげた」「朝、

『行ってらっしゃい』と大きな声で、子どもを送り出した」「お小遣《こづか》いを奮発《ふんぱつ》してあげた」「ハンカチに、丁寧《ていねい》に、アイロンをかけてあげた」「宿題を見てあげた」というように、子どもとのかかわりを積極的に評価します。

子どもへのかかわりの面で、少しでもしてあげたことがあったら、そのことを、前向きに受け止めていくのです。

二、「一緒に楽しめたこと（喜び）」

二つ目の「一緒に楽しめたこと（喜び）」では、「一緒に、ピアノの練習を楽しんだ」「お父さんのことで、娘と二人で、大笑いをした」「息子とお風呂《ふろ》に入って、大はしゃぎをした」「みつるとゲームをして、自分のほうが夢中になってしまった」というように、お母さん自身が、子どもと楽しんだ出来事を、記してみてください。

子どもとの時間を、自分が楽しめたと思ったら、そのことを、書きつづってください。

三、「心を動かされたこと（感動・学び）」

三つ目の「心を動かされたこと（感動・学び）」では、「ひろしが、一生懸命、肩《かた》をもんでくれた」「恥《は》ずかしがりやの息子が、近所の人に挨拶《あいさつ》ができた」「夜遅くまで、頑張って勉強をしていた」「連絡帳で、先生が、あき子のことをほめてくれていた」「兄と妹で、母の日に、カーネーションを買ってきてくれた」というように、喜びや感動、学んだことを書きつづってみるのです。

日々、多忙なお母さんのことですから、毎日でなくてもいいのです。書けるときだけでけっこうです。

一つのテーマについてだけでもいいし、たった一行でもいいのです。

一日の終わりの、ほんのわずかな時間を充《あ》てるだけで十分です。

毎日の子どもとのかかわり、子育ての楽しみ、感動や学びを、前向きに振り返ること――。

そんな日々の振り返りが、お母さんの心を豊かなものにし、親子関係に、うるおいを与えてくれるにちがいありません。

★第3節　父親の〝子育て参加〟

お母さん方は、最近、話題になっている〝イクメン〟という言葉を、よくご存じのことと思います。

夫婦共働きである、ないにかかわらず、「率先《そっせん》して育児をする、あるいは育児を楽しむお父さん」のことです。

お母さんにしてみれば、お父さんが、〝イクメン〟で、〝イクメン〟だと、申し分のないところです。

最近では、〝カジメン〟という言葉も、登場するようになりました。〝カジメン〟とは、率先して、家事をしてくれるお父さんのことです。

日・韓・英の調査から

こうした言葉に見られるように、お父さんの子育て参加が、社会的にも、大きく、注目され始めています。

とはいえ、お父さんの超過勤務《ちょうかきんむ》や、育児休業の取得率《しゅとくりつ》の低さという現実が、育児参加の妨《さまた》げになっていることは、否《いな》めません。

かつて、私の研究室では、家庭教育の主な担《にな》い手について、日本と韓国、イギリスの成人を対象にして、国際比較調査をおこなったことがあります。

この調査では、たとえば、家庭で、子どもをほめるのは、お父さんなのか、お母さんなのか、それとも、お父さんとお母さんの両方なのかをたずねてみました。

その結果、子どもをほめる場合、「父母両方でほめる」という割合は、イギリス78％、韓国57％に対して、日本は、42％にとどまりました。

日本の場合、子どもをほめるのは、やはりお母さんの役割――。

この調査でも、「お母さんがほめる」という割合は、日本は51％。イギリスや韓国の結果を、大きく上回りました。

また、子どもの話を聞くのも、「父母両方で聞く」という割合は、イギリスの69％に対して、日本はわずかに17％という結果でした。

子どもの成績が上がったときに、お父さんとお母さんが一緒に喜んでくれる割合も、イギリスで最も高く88％。日本は、44％でした。

こうした調査結果が示唆《しさ》しているように、日本の家庭では、子どもの教育は、お母さんに依存《いそん》する傾向が強いことがわかります。つまり、子どものことに関しては、お父さんのかかわりが、きわめて低いことが読み取れます。

大切な〝相互性〟

心理学に、〝相互性〟（mutuality）という言葉があります。（小此木啓吾『こころの痛み――どう耐えるか』NHKライブラリー）
この言葉には、一つには、お互いの関係、つまり、「互いに助け合う力」という意味があります。

〝お母さんが体調を崩《くず》したときには、お父さんが台所に立つ〟、〝子どもを保育園に預《あず》けに行くのは、お父さんの仕事、お迎えはお母さん〟、〝朝の食事の用意は、お父さんの役目〟というように、夫婦で、相互に支え合う力のことです。

〝相互性〟という言葉には、もう一つ、「互いに変化し合う力」という意味があります。〝子どもが生まれたことで、夫婦が協力し合うようになった〟、〝長男が不登校になり、学校を休むようになってから、夫婦で話し合う機会が増《ふ》えた〟、〝子どもが病気をしたことで、お父さんの心が家庭に向くようになった。そのことで、お母さんも元気をもらって笑顔が増えた〟というように――。

この〝相互性《そうごせい》〟こそが、家族や夫婦の健全さをあらわす指標《しひょう》であるといえます。家族の健康度のバロメーターである、といってもいいでしょう。

〝相互性〟を高める

夫婦の「相互性」を高める基本は、やはり、夫が、妻に歩み寄ることに尽《つ》きると思います。お父さん自身が、考え方や行動を変えていこうと、努力することが大切です。

そうしたことを可能にするためには、お母さんが、日ごろから、子どもたちの前で、良き父親イメージをつくっておくこと、そして、夫をたたえることが大事です。

「お父さんは、家では口数《くちかず》は少ないけれど、本当は、あなたたちのことを、一番、心配してくれているのよ」「パパ、いつも家族のために、夜遅《おそ》くまで働いてくれて、本当にありがとう」というように――。

そして、お父さんにお願いしたいこと――。

それは、お父さんが、家事や育児に、積極的にかかわれるに越《こ》したことはありません。お父さんが子どもと一緒に遊んでくれたり、子どもをお風呂《ふろ》に入れてくれるのも、確かに、立派な育児参加であることにちがいありません。

しかし、たとえ、それが時間的に難《むずか》しかったとしても、かぎられた時間の中で、お父さんが見せてくれる、お母さんへのちょっとした心づかいややさしい言葉かけ、いたわりの心が、間違いなく、夫婦の〝相互性〟を高めていくのです。

お父さんは、ぜひ、そうした心づかいを、忘れないでいただきたいと思います。

★第4節　乳児期のかかわり

アメリカの心理学者エリクソン（E.H.Erikson 1902～94）は、乳幼児期における、母子関係のあり方について言及しています。

乳幼児期は、身体の発育だけでなく、心の成長の面でも、重要な時期です。

とりわけ、およそ、生後1歳半ころまでの乳児期は、「口唇《こうしん》（口愛）期」（oral stage）とも呼ばれ、人間に対する信頼感の基礎《きそ》、すなわち、〝基本的信頼感〟（feeling of basic trust）をはぐくんでいく上で、とても大切な時期である、と述べています。

〝基本的信頼感〟とは、端的《たんてき》に言うならば、〝人間を信頼できる感覚や力〟のことです。

赤ちゃんの時期に、こうした感覚を、しっかりはぐくんでおかないと、人間は、大きくなってからも、人を信頼することができないというのです。

子どもの成長と「発達課題」

この〝基本的信頼感〟は、人間が、人間として健全な成長発達を遂《と》げていく上で、赤ちゃんが、獲得《かくとく》しなければならない、大切な乳児期の〝発達課題《はったつかだい》〟（developmental task）なのです。

〝発達課題〟という言葉は、あまり聞きなれない言葉ですが、人間が、健全な成長発達を遂げていく上で、乳児期にかぎらず、それぞれの発達段階において、子どもが、達成しておかなければならない課題のことをいいます。

たとえば、乳児期にかぎらず、幼児期の前期に相当する「肛門期《こうもんき》」（anal stage）では、親から、我慢《がまん》をすることの大切さを教わり、トイレで排泄《はいせつ》ができる習慣を身につけることで、自分の意思でコントロールし、自分の行動に責任をもてる〝自律性〟（autonomy）を獲得していくことが、重要な発達課題となります。

さらに、エリクソンは、幼児期後期に相当する「男根期《だんこんき》」（phallic stage）では、自分で考えて、自分で行動する〝自主性〟（initiative）という発達課題を獲得していくことが、成長発達の上で、大切であると考えたのです。

〝信頼感〟をはぐくむ

こうした発達課題の中でも、とりわけ、生後まもない「口唇期」において、赤ちゃんが、〝基本的信頼感〟を獲得していくということは、将来、大きくなってから、健全な人間関係をはぐくんでいく上で、とても大切な条件であると考えられます。

この時期のお母さんの欠かせない役割は、いうまでもなく、赤ちゃんへの授乳《じゅにゅう》です。母親は、授乳をとおして、赤ちゃんの空腹感を、満たしてあげます。

授乳にかぎらず、排泄をして、不快感《ふかいかん》を訴えているときには、オムツを交換《こうかん》することで、心地《ここち》よさを、取り戻してあげます。

むずかって、泣き叫《さけ》んでいたら、抱《だ》きあげて、お母さんの温《ぬく》もりややさしさで、包《つつ》み込んであげてください。

身辺の世話をとおして、赤ちゃんの生理的な欲求を満たし、心理的な要求に、しっかりとこたえてあげることで、母親への信頼感は、より一層《いっそう》、深まっていきます。

それは、あたかも、登山者が、山あいで、「おーい」と声をあげると、その声が、向こうの山に跳《は》ね返って、戻ってくる様子《ようす》に似ています。

こうした〝こだま〟のように、子どもの要求に対して、母親が、きちんとこたえてあげることを、〝山びこ反応〟と呼んでいます。

母親は、赤ちゃんにとって、世界で、最初に出会った、かけがえのない存在です。

乳児期は、母親が、心豊かに接することで、子どもは、〝人間は信頼できる存在である〟という、確かな感覚を、はぐくんでいくのです。

宗教心理学者スターバック（E. D. Starbuck 1866～1947）は、幼児期の心理的発達の特徴《とくちょう》の一つとして、与えられたものを疑《うたが》わずに受け入れる、〝軽信性《けいしんせい》〟や〝信じ込みやすさ〟をあげていますが（松本滋『宗教心理学』東京大学出版会）、こうした幼児の心性も、乳児期の母親との信頼関係を基盤にして、形成されていくと考えられます。

その意味で、乳児期におけるお母さんの役割は、きわめて重要であるといえます。

子どもの〝自立〟を支える

お母さんは、多忙《たぼう》な日々の中にあっても、子どもの思いや期待に、精《せい》いっぱい、こたえてあげてほしいと思います。

いつ、どんなときでも、わが子を信頼し、支えてあげられる存在であってください。

親子関係にかぎらず、学校であれ、職場であれ、ご近所であれ、相手が、自分の思いに理解を示してくれ、心からこたえてくれると、本当にうれしいものです。

心底《しんそこ》、自分を受容《じゅよう》してくれる人がいると、安心して、前へ進むことができます。

自信をもって、人と交《まじ》わり、行動し、学び、そして、働くことができます。

母親が、子どもの要求や思いに、愛情をもって、できるかぎりこたえてあげること――。

そのことが、子どもの心に、人間に対する〝信頼感〟と、生きる上での〝安心感〟をはぐくみ、子どもの自立を、大きく、うながしていくのです。

★第5節　子どもの成長の節目

一般に、思春期《ししゅんき》と呼ばれる時期は、11、12歳から16、17歳ころまでをいいます。いわゆる幼児の〝第一反抗期〟に対して、この時期は、〝第二反抗期〟を、経験するときでもあります。

幼児の第一反抗期が、およそ2～4歳ころであるのに対して、第二反抗期は、およそ、12～15歳ぐらいで、あらわれることが多いようです。

〝第二反抗期〟とは

第一反抗期が、自我の芽生《めば》えや意思の強さと関係しているのに対して、中学高校生の時期に相当する第二反抗期では、自分の描《えが》いている理想と、目の前の社会や家庭に象徴《しょうちょう》される現実との矛盾《むじゅん》、ギャップが、反抗を引き起こすところに、特徴があります。

ですから、この時期は、親に不平不満をぶつける、親の言葉かけに無視をする、といった行動が、あらわになります。

「熱病にかかったライオン」にもたとえられ、手がつけられないこともあります。

反抗する理由

この時期に、子どもが、親に対して、反抗的な態度に出る背景には、幾《いく》つかの理由があるようです。

一つは、親が、自分たちがもっている価値観の枠《わく》の中に、わが子をはめ込もうとして、感情的に注意したり、叱《しか》ることから、起こると考えられます。

反抗期は、親の価値観を、子どもが、壊《こわ》そうとする時期でもあります。

今一つは、両親の不仲や、親が言っていることと、やっていることとの矛盾を、鋭《するど》く突くかたちで、あらわれます。

歯向《はむ》かう子どもに、太刀《たち》打《う》ちできずにいた、お母さんも、おられることでしょう。

反抗期は〝成長期〟

しかし、第二反抗期は、見方を変えれば、子どもが、自分という存在を確認する時期でもあります。

反抗期という表現は、いわば、大人が名づけた、身勝手《みがって》な表現であるともいえます。反抗期を子どもの視点から見るならば、それは、〝自己主張期〟であり、〝成長期〟であると考えられます。

子どもにとって、大切な「成長の節目《ふしめ》」である、といってもいいでしょう。

竹も、節目があるほど、太く、まっすぐに伸《の》びるといわれます。反抗期もまた、子どもが、成長を遂げていく上で、避《さ》けてとおれない過程《かてい》です。

まず、わが子を信じよう！

では、この時期、子どもとのかかわりの面で、大切なことは何でしょうか？

一つは、親が子どもを信じ抜く姿勢を、貫《つらぬ》きとおすこと――。

仮《かり》に、子どもが道をはずれるようなことがあったとしても、親がきちっと向き合い、親の気持ちをしっかりと伝えた上で、あとは、わが子を信じ抜いてあげることです。

この時期は、勉強や進学の面でも、親の期待が強く出すぎて、子どもの学習態度に、親が感情的になったりしがちです。

親の過剰《かじょう》なまでの要求が、子どもにとっては、大きな負担となって、親への反抗に及ぶ場合があります。

そのような場合でも、親は、たとえば、受験の一点だけに目を奪《うば》われるのではなく、長期的な視野の上から、子どもの行動や考えを信じてあげることが大事です。

仮に、受験に失敗したとしても、親が子どもを信じてあげることで、子どもは、長い人生のどこかで、必ず、実力を発揮していくものです。

親の過剰なまでの期待で、子どもの可能性の芽を摘《つ》まないようにすることが大切です。

本音でかかわる!

二つ目には、親が本音《ほんね》で、接すること――。

できれば、お父さんが、きちっと前に出て、一人の人間として、子どもと向き合うことです。

子どもが、進学や友人関係のことで悩《なや》んでいるときなど、〝ここ一番〟というところで、お父さんの出番をつくることです。

〝親も真剣なのだ〟という姿勢《しせい》を、子どもに伝えることです。

心理学に、〝自己開示〟(self-disclosure)という言葉があります。この言葉の本来の意味は、カウンセリングの過程で、カウンセラーが、時には、自らの感情や考え、人生観や生い立《おた》ちなどを、率直《そっちょく》に語ることで、クライアント(相談に訪《おとず》れた人)との関係を生きたものにし、良い影響を与えることをいいます。

思春期の子どもと向き合っていく上においては、親もまた、自身のこれまでの悩みや体験を、率直に語っていくこともあっていいでしょう。

その場合でも、子どもの考えに、まず、しっかりと耳を傾け、子どもの立場を尊重しつつ、接していくことが基本です。

ともあれ、反抗期は、親自身の生き方が、問われている時期でもあると自覚して、親もまた、大きく、成長を遂げていきたいものです。

★第6節　思春期の心と向き合う！

前節に引き続き、思春期《ししゅんき》の親子関係のあり方について、今少し、ご一緒に、考えてみたいと思います。

この時期の子どもは、親から見て、さまざま、気になる行動に走りがちです。

母親として、どのように対処すべきか、戸惑《とまど》うことも多いのではないかと思います。

たとえば、中学生ともなると、なかには、髪《かみ》を染《そ》めたり、ピアスをする子もいることでしょう。

家庭での〝ルールづくり〟を

こうした場合、親が、感情的に叱《しか》りつけるだけでは、効果は期待できません。

一方的に、怒《いか》りをあらわにしているだけでは、事態《じたい》は、良い方向には進みません。成長の過程で、女の子が、流行やおしゃれに目が向くのは、ある意味で、ごく自然なことです。

そこで、親としては、まずは、動揺《どうよう》する気持ちを抑《おさ》えて、子どもとのあいだに、少し距離をおいて、冷静《れいせい》に対処《たいしょ》したいものです。

そして、子どもの行為《こうい》が、たとえば、校則に反するのであれば、両親で子どもと向き合い、「家ではかまわないが、学校ではやらない」というように、〝家庭でのルールづくり〟を、心がけることも大事でしょう。

携帯《けいたい》電話などの使用についても、使い方や使用料金などの面で、親子で、ルールや約束の枠組《わくぐ》みを、きちっと決めておくことも大切です。

〝ルールづくり〟の基本は、親と子の話し合いにあります。

ルールをつくること以上に、お母さんは、この時期、親子で話し合える機会や時間をもてることが、どれだけ、大きな意味があるかを、ぜひ、知ってほしいと思います。

子どもの言葉に耳を傾ける

また、友だちと一緒にたばこを吸《す》って、先生に見つかり、注意を受けるようなことも、あるかもしれません。

思春期ともなれば、子どもは、自分が悪いことをしていると、頭では、わかっているものです。

規範《きはん》に背《そむ》くことが、悪いということは、十分に認識《にんしき》しているのです。

悪いとわかっていながら、たばこを吸っているのです。

したがって、こうした場合でも、やはり、親が、ただ、頭ごなしに否定しているだけでは、余計に反発するだけです。

親が感情的になって、叱っているだけでは、何の解決にもなりません。

一方的に、注意や批判の言葉を浴《あ》びせるだけでは、火に油を注《そそ》ぐようなものです。

前節でも、触《ふ》れましたように、子どもの言い分に、十分に耳を傾けた上で、親の考えを述べましょう。

子どもが、なぜ、そのような行為に及んだのかについて、一定の理解を示すことです。

子どもの問題行動の背景《はいけい》には、思春期に特有の心理が、潜《ひそ》んでいます。

たとえば、〝単に友だちが吸っていたから〟とか、〝恰好《かっこう》をつけたくて〟とか、〝親を困《こま》らせてやろうと思って〟というように――。

問題が起きたら、親はまず、子どもの立場に立って、その動機や気持ちを、わかろうと努力することです。

そのことが、子どもの問題を解決する、大きな一歩であるように思います。

ピンチは〝チャンス〟

子どもの問題は、大なり小なり、どこの家庭にもあるものです。

ですから、子どもに問題が生じたら、落ち込んでばかりいるのではなく、むしろ、わが子と向き合える、絶好《ぜっこう》のチャンスであると、前向きにとらえてみてはいかがでしょう。

たとえば、中学校の先生がかかえる生徒指導上の悩《なや》みと、先生のその後の変化を取り扱った、最近の教育心理学の研究では、先生の悩みが深ければ深いほど、その後の先生の〝気づき〟や心の変化もまた、大きいことが指摘されています。（都丸けい子・庄司一子の研究より　二〇〇五年）。

こうした研究もまた、悩みは、成長への確かなチャンスであることを、私たちに教えてくれています。

白樺派《しらかばは》を代表する作家の一人に、武者小路実篤《むしゃのこうじさねあつ》がいます。

その実篤が残した言葉の中に、次のような言葉があります。

「雨が降った　それもいいだろう　本が読める」

もう一つ、実篤の言葉を紹介しておきましょう。

それは、

「力を入れて歩かないと　歩けない道を歩く　力自《おの》ずとわく　道自ずと開く」

という言葉です。

こうした言葉が教えてくれているように、家庭での子どもの悩みも、前向きにとらえて、次への大きなステップにしていくことが大事です。

教育の醍醐味《だいごみ》も、まさに、この点にあると思います。

ピンチは〝チャンス〟――。子どもの問題は、親と子の信頼の絆《きずな》を深めていく上でも、またとない絶好の機会なのですから――。

第3章

お母さんの力

★第1節 〝心の支え〟としての母

お母さんほど、子どもの成長にとって、大きな影響力をもつ存在はありません。

子どもの立場から、母親という存在について、あらためて考えてみたとき、お母さんという存在には、どのような意味があるのでしょうか。

「日本の母」についての研究の第一人者である山村賢明《よしあき》氏（筑波大学、立教大学、文教大学教授を歴任 1933～2002）は、日本の母がもつ心理的な意味について、以下の点から、興味深い分析《ぶんせき》を行っています。（『日本人と母』東洋館選書）

子を生きがいとする母

お母さんという存在の心理的な特徴《とくちょう》の一つは、〝子を生きがいとする母〟という側面です。

これは、お母さんの側からみた、お母さん自身の心理的な特徴をいいあらわしたものです。

すでに、第1章・第2節「わが子は〝名優《めいゆう》〟！」のところでも触れてきましたように、母親という存在は、人生という大きな舞台で、役割を演じ続ける、子どもという名優の最大のファンです。

わが子という名優を慕《した》う、お母さんの気持ちは、世界で一番――。正真正銘《しょうしんしょうめい》の本物のファンです。

お母さん自身が生きていく上で、子どもという存在は、大きなはりあいとなっています。子どもという存在が、お母さんの人生そのものに、はりを与えています。

お母さんは、子どもがいることで、生きること自体に、大きな幸福感を味わっています。生きる支えとして、子どもが、精神的な拠《よ》りどころとなっているのです。

こうした特徴は、日本のお母さんの場合に、より顕著《けんちょ》であるといえるかもしれません。

〝動機の中の母〟

二つ目は、〝動機《どうき》の中の母〟という視点です。

これは、子どもの側からみた、お母さんの心理的特徴です。

大人であれ、子どもであれ、私たちは、「仕事で成功を収《おさ》めようと頑張《がんば》る」「社会で評価を得ようと努力する」「勉学に励《はげ》む」というように、毎日を懸命《けんめい》に努力して、生きています。

このような行動へと私たちを駆《か》り立てる背景《はいけい》には、「お母さんを幸せにしてあげたい」「母の喜ぶ顔が見たい」「成長した姿を母親に見せたい」といった動機が、少なからず潜《ひそ》んでいるものです。

つい先日も、あるテレビ番組で、かつて、ボクシングの元世界チャンピオンであったガッツ石松さんが、自らのお母さんの思い出について、語っていた言葉が、とても印象的《いんしょうてき》でした。

ガッツ石松さんに対するお母さんの口癖《くちぐせ》は、「立派《りっぱ》な人になれ！」だったそうです。「世の中に、偉《えら》い人はいっぱいいる。でも、立派な人は少ない」と——。

こうした母の言葉は、石松さんの人生の後押《あとお》しをしてきたにちがいありません。

こうした思い出に象徴《しょうちょう》されるように、母親という存在や、母が残した言葉は、私たちの人生において、大きな活力源《かつりょくげん》となっています。

〝動機の中の母〟とは、まさに、私たちを、努力することや、精進《しょうじん》することへと駆り立てているものなのです。

子どもは、お母さんを幸福にしてあげたいという思いがあるので、仕事や生活の面で、目標を達成しようと、頑張るのです。

〝罪の意識としての母〟

今一つは、〝罪《つみ》の意識としての母〟という視点です。

〝罪の意識としての母〟も、〝動機の中の母〟と同様に、子どもの側からの視点です。

子どもが悪いことをしたり、道を踏《ふ》み外《はず》そうとしたときに、母親に対する罪悪感がそうした行動を抑止《よくし》し、改心へと導きます。

〝こんなことをすれば、お母さんはきっと悲しむにちがいない。どんなにつらい思いをするだろうか〟といった、母親に対する罪の意識が、反社会的な行為に対する、歯止《はど》めの役割を果たしているというわけです。

この場合、お母さんという存在が、社会の秩序《ちつじょ》を維持《いじ》していく上で、重要な役割を果たしていることになります。

〝動機の中の母〟や〝罪の意識としての母〟という考え方は、母親という存在が、子どもにとって、大きな〝心の支え〟や〝精神的な支柱〟となっていることを、私たちに教えてくれています。

心の支えとしての母は、母が亡《な》き後も、子どもの心に強く刻印《こくいん》され、持続されていきます。

母としての喜びと誇りを

子どもたちの生きる力の低下が憂慮《ゆうりょ》される現代にあって、あらためて、母親の力の偉大さに目を向けていくことが大切です。

子どもたちの心に生きる力をはぐくんでいくためには、社会や政治が、お母さんを心から尊重し、安心して子育てができる環境《かんきょう》を整《ととの》えていくことです。

母親と子ども、そして年配者を大切にする社会こそが、本当の意味で、成熟《せいじゅく》した社会であるといえます。

ともあれ、お母さんは、自身が子どもにとってかけがえのない存在であるということに、だれよりも大きな誇りと喜びをもって、子どもと接していただきたいと思います。

★第2節　母は〝平和の創造者〟

多くの人々によって愛され、親しまれてきた「母」の歌（山本伸一作詞、松原真美・松本真理子作曲）には、お母さんという偉大な存在の使命と役割が、凝縮《ぎょうしゅく》されています。

「母」の曲の歌詞《かし》では、人々の幸福を、誰よりも強く願ってやまない、母という無名の庶民《しょみん》に対する心からの感謝の気持ちが、描写《びょうしゃ》されています。

感動を与える「母」の歌

一番の歌詞では、母という偉大な存在を、次のように表現しています。

「母よ　あなたは　／　なんと不思議な　豊富《ゆたか》な力を　もっているのか　／　もし

も　この世に　あなたがいなければ　／　還《かえ》るべき大地を失い　かれらは　永遠《とわ》に
放浪《さすら》う」

海よりも深い愛をもち、人間と自然とのハーモニーを奏《かな》でる、生命の源《みなもと》としての偉大な存在の母――。

〝豊富《ゆたか》な力〟、〝還るべき大地〟という表現の中に、万人の心の故郷《ふるさと》としての、母性愛に根ざした母のイメージが、見事なまでに、描写されているといえます。

二番では、家族を陰《かげ》で支える母の姿が、次のように表現されています。

「母よ　わが母　／　風雪に耐《た》え　悲しみの合掌《いのり》を　繰《く》り返《かえ》した　母よ　／　あなたの願いが翼《つばさ》となって　／　天空《おおぞら》に舞いくる日まで　達者《たっしゃ》にと　祈る」

ただひたすら、わが子のために、あらゆる悲しみを乗り越え、耐《た》え忍《しの》んできた母――。

そこには、すでに前節でも触れてきたように、私たちの人生における〝心の支え〟としての母親の存在が、描《えが》かれています。

二番の歌詞は、お母さんという存在は、子どもにとって、何物にも代えがたい〝心理的支え〟であり、精神的支柱にほかならないことを、私たちに教えてくれています。

そして、三番では、

「母よ　あなたの　／　思想と聡明《かしこ》さで　春を願う　地球の上に　／　平安の楽符《しらべ》を　奏《かな》でてほしい　／　その時　あなたは　人間世紀の母として　生きる」

と語りかけています。

人類の平和の担《にな》い手としての母のイメージが、感動的に、描写されています。

卓越した〝共感力〟

この「母」の歌の三番の歌詞に見られるように、母という存在は、人類の平和の担い手としての、重要な使命をもっているといえます。

では、母親が、平和の担い手であるとされる理由は、どこにあるのでしょうか。

その一つの答えは、母親がもつ、卓越《たくえつ》した〝共感力《きょうかんりょく》〟にあるように思います。

アメリカを代表する臨床心理学者《りんしょうしんりがくしゃ》の一人に、ロジャーズ（C.R.Rogers 1902～1987）がいます。

ロジャーズは、来談者中心のカウンセリングを提唱した心理学者として、よく知られています。

来談者中心カウンセリングとは、カウンセラーが、相談に訪《おとず》れたクライアント（来談者）を信頼し、一人の人間として向き合うことで、クライアントの成長を援助していこうとするものです。

その彼が、人々の幸せを援助していくための条件として、〝共感的理解〟（empathic understanding）の重要性について言及しています。

共感的理解とは、相手が経験している感情を、あたかも自分自身のものであるかのように、正確に感じ取り、共有していくことをいいます。

相手の私的な世界を、あたかも、自分自身のものであるかのように感じ取ることです。

〝共感〟（empathy）とは、人とのかかわりにおいて、相手の気持ちや感情を、相手の立場に立って感じ取ることにほかなりません。

相手が、何を感じているかを、正しく理解しようとする営《いとな》みであるともいえます。

〝共感的なかかわり〟は、世の中から、争《あらそ》いごとを無くし、穏《おだ》やかで安らぎのある社会を実現していく上で、欠くことのできない条件であるといえます。

母の中に〝平和思想〟の原点

世界は、宗教や文化、生活習慣の異なる多文化社会で成り立っています。

〝共感的なかかわり〟という言葉に象徴されるように、立場の異なる人々の考え方に耳を傾け、理解を深めようとする努力を怠《おこた》らないことが、平和への第一歩であるといえます。

母の偉大さは、出産や育児という、生命をはぐくむ尊い体験をとおして、他者の苦しみや悩みに共感できる力を、だれよりも豊かに培《つちか》ってきた点にあります。

お母さんの慈悲深《じひぶか》さを表現した〝悲母《ひも》〟という言葉には、人間の悩みや苦しみを感じ取り、人間に無量の福徳《ふくとく》を与えていく〝抜苦与楽《ばっくよらく》〟の意味があるように思います。

お母さんという尊い存在は、あらゆる風雪に耐《た》え抜《ぬ》く力、子どもたちに同苦《どうく》できる力、共感できる力、そして、子どもたちの悲しみを甘受《かんじゅ》できる力をそなえているのです。

そうした意味では、わが子だけでなく、すべての子どもたちの幸せを強く願ってやまない、一途《いちず》な母の生き方の中に、真の平和思想の原点があるといえるのではないでしょうか。

平和の創造者として、生あるものを慈《いつく》しみ、周囲の人びとを幸せにする、尊い使命と力をもった母の存在に、心から敬意を表したいと思います。

★第3節　家族の〝かなめ〟

野球というスポーツを、ご存じのことと思います。

学生時代は、硬式《こうしき》野球部に所属し、その後、社会人野球で、捕手《ほしゅ》（キャッチャー）として活躍した卒業生が、次のような興味深い話を、してくれたことがあります。

野球というスポーツも、なかなか面白《おもしろ》いもので、私たちの家庭や人生を考える上でも、大いに参考になることがあります。

〝捕手の役割〟とは

彼は、捕手には、三つの役割が求められる、といいます。

一つは、女房役として、投手（ピッチャー）というチームの大黒柱《だいこくばしら》を助け、支えること――。

〝バッテリーを組む〟という言葉があるように、捕手には、投手が投げるボールを、しっかりと受け止めるという大切な役割があります。

その日の投手の気持ちや調子をうまく汲《く》み取り、気づかいながら、ボールを投げさせます。

試合では、お互いの呼吸《こきゅう》が、とても重要になってきます。

そして、チームの大黒柱である投手を、うまくリードし、支え、試合に勝つことが求められます。

二つ目には、チームの一人ひとりのメンバーの状況をよく把握《はあく》し、こまやかな目配《めくば》りや心配りができること――。

捕手は、守っているとき、九人の選手の中で、一人だけ、逆方向を向いて、座《すわ》っています。

つまり、投手や野手と向き合うかたちで、座っています。

常に、メンバーの守っている様子や、相手チームの走者を視野《しや》に入れながら、守備《しゅび》についています。

自分のことだけで、頭がいっぱいになってしまう選手は、捕手には向かない、と彼はいいます。

そして、三つ目に、捕手は、扇《おうぎ》のかなめの位置にあって、守りの中心的存在として、責任を担《にな》っていく必要がある、というのです。

相手チームの選手が、ホームベース（home base）に駆《か》け込んできたときに、捕手は、体を張《は》って死守《ししゅ》します。

相手に得点を与えまいと、必死《ひっし》になって、ホームベースを守ろうとします。

お母さんは家族の〝かなめ〟

ホームベースは、ホームプレート（home plate）ともいわれ、日本語だと本塁《ほんるい》と呼ばれています。

ホームベースは、内野《ないや》にある四つの塁のうち、最も重要な塁で、相手チームの走者は、ホームベースを通過しないことには、得点したことにはなりません。

捕手は、相手チームの走者に、ホームベースを踏《ふ》ませまいとして、必死で守っています。

このような捕手の役割は、お母さんの存在と、相通《あい》じるものがあります。

捕手が投手を支えているように、お母さんもまた、家庭にあって、妻として、夫を励まし、リードしています。

また、捕手が、たえず、自らのチームの投手や野手に、あるいはまた、相手チームのランナーに目配りを欠《か》かすことがないように、お母さんもまた、わが子や祖父母《そふぼ》への気づかいを、たやすことはありません。

家族に対する観察力も抜群《ばつぐん》です。お父さんの比ではありません。

家族一人ひとりの長所や欠点も、お母さんは、実によく把握《はあく》しています。

さらには、捕手が守りのかなめとして、重責を担っているのと同様、お母さんもまた、家族にとって、なくてはならない存在です。

捕手が、相手の走塁《そうるい》に対して本塁を死守するように、お母さんもまた、家族を必死で守ってくれています。

ホームベースのホーム（home）は、家庭や家庭生活、家という意味です。生活の中心となる場所のことです。

ベース（base）には、土台、基礎、本部、基地、拠点《きょてん》、根拠地、といった意味があります。

母を大切にできる社会を

そうした意味では、捕手がホームベースを死守しようとして、努力しているように、お母さんもまた、家庭という生活の基礎、土台を、必死で守ってくれています。

その強靭《きょうじん》な心にかなう者など、だれもいません。

野球の試合の中で、捕手は、投手や他の野手に比べて、決して目立つ存在ではありません。プレー自体、大変地味です。

家庭にあっては、お母さんもまた、縁《えん》の下の力持ち――。

私たちは、そんなかけがえのない母を、だれよりも大切にする社会を、つくっていく必要があります。

たとえば、最近では、あるNPO団体は、〝ママありがとう！　母の日乳がん検査〟をキャッチフレーズにして、高校生が、補助金付きの乳がん検診を、母の日にプレゼントできるような、キャンペーンを実施しています。

母の日に、高校生に、乳がん検査受診費補助付きのグリーティングカードを、贈ってもらおうという試《こころ》みです。

こうした活動にみられるように、お母さんを、心から大切にする社会や〝家族文化〟を創造していくことが、成熟した社会の証《あかし》といえるのではないでしょうか。

★第4節　母親と〝母性愛〟

日ごろ、私たちが何げなく使っている漢字や言葉には、鳥の習性や親子関係にまつわるものが多く見受けられます。

たとえば、「習う」の「習」という漢字は、二つの漢字が合わさって、字義《じぎ》が生まれた会意文字です。

つまり、「習」は、「羽」と「白」が合わさった字で、「鳥がはばたいて、わきの下に生《は》えている白い毛が見える」（新漢和中辞典）という意味があります。

このことが転じて、「習う」は、親鳥が羽ばたきをするしぐさを、ひな鳥がまねるという意味につながっていったと考えられます。

成長遂げるエネルギー

こうした字義からも、うかがえるように、子どもは、親の日ごろの何げない言葉づかいや振る舞いの中から、実に多くのことを学び取っています。

また「はぐくむ」という言葉には、元来、「親鳥が羽で包《つつ》み込むこと（羽にふくむ）」、すなわち、「羽包（くく）む」、「親鳥が羽でひなをおおいつつむ」（広辞苑）という意味があります。

ちなみに、「包む」の「包」の字は、「からだのできかけた胎児《たいじ》を、子宮膜《しきゅうまく》の中につつんで身ごもるさま」（漢字源）をあらわしています。

「はぐくむ」という言葉の意味が示唆《しさ》しているように、子育ての基本は、親が子どもを抱きかかえる、保護する、見守るという点にあります。

子どもの成長の過程では、〝母性愛〟という心理的な支えが不可欠なのです。

心理学でいう〝母性愛〟とは、お母さんの育児や、子どもに対する態度の根底にある情緒《じょうちょ》や情操《じょうそう》のことをいいます。

子どもに対する母親としての純粋《じゅんすい》な感情といってもいいでしょう。

〝母性愛〟は、受胎《じゅたい》とともに始まり、その後の出産や養育の過程をとおして維持《いじ》されていくと考えられます。

〝母親力〟で包み込む

お母さんの母性愛は、子どもに対して、直接、愛情を表現するかたちであらわれてきます。

精神分析《ぶんせき》学者のドイッチェ（H. Deutsch 1884～1982）によれば、母性愛の本質は、「柔和《にゅうわ》であること」だとされます。

それは、子どもを包み込むやさしさやふくよかさ、温《あたた》かいまなざしやほほ笑《え》みとなって、ごく自然なかたちで、お母さんの行動の中にあらわれてきます。

子どもを抱擁《ほうよう》する力、子どもに注《そそ》がれる慈愛《じあい》の力は、母親だけに与えられた特権であり、かけがえのない力です。

創価大学の創立者である池田大作先生は、お母さんの力を、「大自然へ注ぐ農夫の愛情」

（『幸福抄』二〇〇三年）にたとえていますが、こうした譬《たと》えからもまた、お母さんという存在を描写《びょうしゃ》する上で〝母性愛〟が重要な要素として位置づけられていることがうかがえます。

今、子育ての最中《さいちゅう》にあるお母さんは、この〝母親力〟ともいうべき母性愛で、わが子をしっかりと包み込んであげてほしいと思います。

母性愛は、子どもが成長を遂げていく上でなくてはならないエネルギーであり、厳《きび》しい現実社会を生き抜いていく力の源《みなもと》でもあるのです。

ある心理学者は、「母親になることは、女性にとって、第二の誕生《たんじょう》である」（依田明「現代の母親」一九七七年）と述べています。

若いお母さんは、子どもを育てることをとおして、ぜひ、女性としての喜びと充実感《じゅうじつかん》を味わっていただきたいと思います。

〝母性〟をはぐくむ

学校という場にあっても、母性愛やお母さんの偉大さを、子どもたちに、しっかりと伝えていく必要があります。

たとえば、家庭科の時間や総合的な学習の時間に、子どもを育てることの尊《とうと》さや大切さを伝え、教える試《こころ》みが、もっと、あってもよいと思います。

もちろん、料理の作り方や、裁縫《さいほう》、お茶の作法などを学ぶことも大切です。

しかし、それ以上に、赤ちゃんの成長発達にかかわる知識や、母性行動についての理解を深められる機会が、あってもいいかと思います。

具体的には、授業の中で、赤ちゃんとお母さんに登場してもらい、子どもたちが、本物の赤ちゃんをなでたり、抱いたり、ミルクを与える機会があっていいと思います。

また、赤ちゃんを授《さず》かったお母さんに、直接、インタビューをすることで、お母さんの役割の大切さを学べる機会をつくっていくことです。

さらには、病院や施設の見学をとおして、多くの新生児《しんせいじ》の姿を目《ま》の当たりにすることで、生命の誕生や尊さについて学べる、体験学習の機会があってもよいでしょう。

学校にあっても、ぜひ、そうした工夫をお願いしたいと思います。

第5節　母の〝信念〟

東京の八王子市上恩方町《かみおんがたまち》生まれの童謡《どうよう》作家に、中村雨紅《うこう》がいます。「夕焼け小焼けで日が暮れて　山のお寺の鐘《かね》がなる……」という歌詞で知られる童謡「夕焼け小焼け」（草川信作曲）の作者として世に知られています。

この中村雨紅が残した作品の一つに、「子供の歌」（岩本恒雄作曲）があります。この歌詞の2番は、次のような躍動感あふれる内容となっています。

「僕等《ぼくら》は子供だ／まだちさい（小さい、筆者注）／ほんとの新芽の若枝《わかえだ》だ／今に見ていろ驚くな／青空までも伸びあがり／立派な／大きな木になるぞ」

（『中村雨紅詩謡集』世界書院）

中村雨紅の詩は、未来にはばたく子どもたちの決意と、かぎりない可能性を力強く表現していて、私たちの心に大きな感動を与えてくれます。

さて、若枝が青空まで伸びる大木へと成長していくのと同じように、子どもが大きく成長を遂げていくためには、家庭に何が求められるのでしょうか。

アメリカの家族カウンセラーとして、世に知られているグッドマンは、ニューヨークの高校教師、校長等を歴任《れきにん》した後、カウンセラーとして活躍しました。

そのグッドマンが、子どもをはぐくんでいくための家庭での条件として、①「夫婦の愛」②「受容」③「安心感」④「信念」の四つをあげています。

〝夫婦の愛〟

〝夫婦の愛（love）〟とは、両親が互いに愛し合い、感謝《かんしゃ》し合うことだといいます。夫婦間に愛と感謝がある家庭では、子どもは自然と楽しい日々を送ることができます。

グッドマンは、親の愛は、〝結婚の愛〟に始まる、といいます。子どもに対する父親の最も重要な役割は、母親である妻を、一人の女性として、満たされていると感じさせることである、といいます。

これは、家庭における父親の役割の本質をついた、きわめて大切な指摘です。

夫婦間に愛がある家庭では、たとえ、物質的、経済的に、十分な満足が得られなくとも、子どもは、立派に成長を遂げていきます。

子どもが、最も強く求めているものは、両親が互いに愛し合い、感謝し合っていることなのです。

夫婦の愛と感謝が支配する家庭では、子どもは、自《おの》ずと、楽しい日々を過ごすことができるのです。

〝受　容〟

〝受容〟(acceptance)とは、親から拒否《きょひ》されているという思いを、子どもにいだかせないこと――。

お母さんから温《あたた》かく受容された子どもは、自らの人生を切り開いていく上で不可欠《ふかけつ》な、〝自信〟を獲得《かくとく》していくというのです。

自信は、人生において、最も価値ある財産であるといえます。受容されている子どもは、自らを価値ある存在であると、みなせるようになります。自分に対して、誇りをもてるようになります。

社会的、かつ歴史的にみても、多くの反社会的行為や犯罪は、小さいころに、親から受容されたのではなく、拒否された子どもたちによって、演《えん》じられることが多いと考えられます。

〝安心感〟

親の強い愛情は、子どもの心に、〝安心感〟(security)をはぐくんでいきます。安心感のある家庭で育った子どもは、しつけの面でも、従順《じゅうじゅん》です。

グッドマンは、家庭での〝安心感〟は、子どもに対する親の礼儀《れいぎ》正しさによって生まれる、と述べています。

具体的には、「おはよう、みつお」というように、親が子どもの名前をはっきりと口に出して、挨拶《あいさつ》をすることの大切さに言及しています。

名前で呼ばれるということは、一人の人間として、認められているという証《あかし》でもあるのです。

〝信　念〟

そして、四つ目の条件である〝信念〟（faith）とは、親自身が確固《かっこ》とした人生観や人間観をもつことを指《さ》しています。

信念は、親が勤勉にして誠実で、善良な生き方を貫《つらぬ》くことと、強く関係しています。

信念は、きわめて、現実的で、実際的な力です。

グッドマンは、アメリカの親の場合には、社会的成功や世俗的な富《とみ》や権力を得ることに心が奪われるあまり、人間の生き方の上で大切な〝信念〟を、軽視する傾向にあることを憂慮《ゆうりょ》したのです。

できることから実践しよう！

グッドマンの指摘は、いずれも示唆《しさ》に富むものです。

しかし、お母さん方に申し上げたいことは、これらの指摘を実行に移そうとされる場合でも、気負《きお》いすぎずに、まずは実践可能なものから、始めてほしいということです。

〝夫婦の愛〟であれ、〝受容〟であれ、これらの条件を、一つでも満たすということは、本当に大変なことです。

ですから、お母さん方には、背伸《せの》びをしすぎない実践を、期待したいと思います。

むしろ、ほんの少しの心がけや努力であったとしても、親子関係は、案外、良い方向へと向かっていくものです。

★第6節　母親の役割

お母さんは、日々、母親として、多くの役割を担《にな》って、子どもと向き合っています。時には笑い、時には涙《なみだ》を浮かべ、時には感情をあらわにしながら、子どもと、懸命《けんめい》にかかわっています。

イギリスの心理学者シャファー（R. Schaffer 1926～）は、こうした母親としての尊い役割に、大きく、三つあると述べています。

〝身辺の世話〟をする

一つは、子どもの世話をすることです。

オムツを替《か》える、食事を作る、服を着替《きが》えさせる、お風呂《ふろ》に入れるといった、子どもの身の回りの世話は、お母さんの大切な役割です。

子どもの面倒《めんどう》を見るということは、本当に大変なことです。身の回りの世話は、ある意味、毎日、同じことの繰り返しです。しかし、その繰り返しの仕事が、実に、多忙をきわめるのです。

お母さんが、得てして、ストレスをため込みやすいのは、こうした、身辺の世話の大変さによるところが大きいといえます。

子どもの世話をする上で重要なのは、そのときのお母さんの態度です。子どもが、やさしく、受容的な雰囲気《ふんいき》の中で、育てられているのかどうか、温かい母子関係の中で、はぐくまれているかどうかが、子どもの成長に、大きな影響をもたらします。

幼児にトイレでの排泄《はいせつ》を教える場合を、例にとってみましょう。

仮に、排泄に失敗をした場合でも、母親が温かく受け入れてあげるのと、冷たく叱《しか》りつけるのとでは、その後の成長に、差が生じてくると考えられます。

身の回りの世話は、本当に、苦労をともないます。

しかし、お母さんの辛抱強《しんぼうづよ》い、愛情豊かなかかわりは、間違いなく、子どもの心の奥深くに、刻《きざ》み込まれていきます。

〝刺激〟を与える

二つ目に、子どもに刺激を与えるという役割があります。

ほおずりをする、頭をなでる、抱きしめる、さすってあげる、目を見つめる、体を寄せ合って遊ぶというように、お母さんは、子どもとの身体的な接触をとおして、常に、刺激《しげき》を与え続けています。

特に、幼少期は、母親とのボディコンタクトが不可欠です。

子どもは、身体的な触れ合いや接触をとおして、親のぬくもりというものを、肌《はだ》で実感していきます。

子どもは、お母さんの温かさやふくよかさといった感覚を、生涯、忘れることはありません。

子どもは、お母さんから、たくさんの刺激を得ることで、人間として、大きく成長を遂《と》げていくのです。

語りかける

そして、今一つは、〝対話者としての母〟という役割です。

お母さんが、常日ごろから、家族に語りかけ、対話のつきない家庭には、明るさがあります。

子どもが成長していく上で、最も大切なお母さんのかかわりは、子どもとの〝語らい〟です。

もちろん、ここでいう対話には、会話や言葉によるものだけでなく、やさしくほほ笑《え》みかける、子守歌を歌って聞かせるといった、広い意味での語りかけも含まれます。

お母さんが、赤ちゃんに対して、ただ、一方的に話しかけているように見える語りかけも、母と子の互いの交流を深めていく上で、重要な意味があります。

言葉は、親と子のきずなを深めていく上で、とても大きな力をもっています。不思議な力を秘《ひ》めています。

母親の語りかけや会話をとおして、子どもは、安心感と生きる喜びを、自然と、体感していきます。

お母さんの声の響きは、家庭にうるおいをもたらします。

子どもの成長をうながし、人間としてのぬくもりを伝え、心に安らぎを与える偉大な母――。

その使命ある立場に、お母さんは、だれよりも、誇りをもってほしいと思います。

母の役割に誇りを

以上、お母さんには、①子どもの〝身辺の世話〟をする、②子どもに、〝刺激〟を与える、そして、③子どもに、〝語りかける〟、という三つの役割があることを、述べました。

子どもを育てるということは、本当に大変なことです。

言葉では言い尽くせない、さまざまな苦労があります。

子どもが病気になったり、怪我《けが》をしたときなど、お母さんだけの大切な時間を、使わなくてはならないこともあるでしょう。

お母さんは、子どもを育てている最中は、どうして自分だけが、こんな大変な思いをしなければならないのかと、ついつい考えてしまいがちです。

しかし、お母さんは、子育てを終えて、過去を振り返る心のゆとりができたときに、はじめて、母親としての役割が、どれほど尊く、素晴しいものであったかということを、知らされるのです。

通り過ぎてみて、はじめて、子どもとともに過ごしてきた時間が、いかに、かけがえのないものであったかに、気づかされるのです。

そうした意味では、お母さんは、子どもとともに過ごせる、〝今〟という時間を、だれよりも大切にしていただきたいと思うのです。

第4章

お母さんの生き方

★第1節　大切な〝心の一休み〟

子育ては、お母さんにとって、子どもという尊い生命をはぐくむ、かけがえのない営《いとな》みです。

しかし、その一方で、厳しい現実と向き合っていかなければならないことも確かです。

ですから、お母さんは、日々の生活の中で、ストレスを最小限におさえる工夫を、してほしいと思います。

ストレスをため込む危険性

かつて、一人の五十代の主婦の方から、子育ての体験をうかがう機会がありました。

この方が、結婚して間もないころのことです。保育園で働く傍《かたわ》ら、二歳半になる長男と生後五カ月の次男をかかえて、一生懸命、育児に励んでこられました。

けれども、お父さんからの育児や家事の協力は一向に得られず、何だか、育児を一方的に押しつけられているという重圧感に襲《おそ》われ、とうとう心身のバランスを崩《くず》してしまい、寝込んでしまった、というのです。

こうした事例は、保育士のような子育てのプロでさえも、ストレスをため込むと、自分を見失ってしまう危険性があることを、私たちに教えてくれています。

交流分析と〝時間の構造化〟

この方が、本来の自分を取り戻すことができたのは、職場から帰宅後の、夫の心づかいで、一日の育児や家事から、わずかでも、解放される時間をもてたことでした。

心理学の交流分析理論（transactional analysis：ＴＡ理論）では、私たちが、心のエネルギーを蓄《たくわ》えて、日々の生活を、有意義なものにしていくことを、〝時間の構造化〟（time structuring）と呼んでいます。

〝時間の構造化〟とは、私たちが、触れ合いを求めたり心のエネルギーを充電したいと思ったときに、どのようにして、時間を過ごすかということです。

私たちは、充実した時間を過ごそうとして、さまざまな方法を使って、複雑に構造化するかたちで、刺激《しげき》を求めていく傾向にあります。

このように、〝時間の構造化〟とは、私たちが、いろいろとプログラム化したり、組織化したりすることで、心のエネルギーを回復していくことをいいます。

あとの章でも、何度か、取り上げて紹介していますが、〝時間の構造化〟には、幾《いく》つかの種類があります。

〝閉鎖〟とは

その一つに、〝閉鎖《へいさ》〟(withdrawal)と呼ばれるものがあります。

〝閉鎖〟とは、体の面でも心の面でも、一時的に、自分自身を周りから遠ざけることをいいます。

〝閉鎖〟は、家事や子育てから、お母さん自身を一時的に遠ざけることです。

お母さん自身が、一人でくつろいだり、考えたりする時間をもつことです。

一人きりになって、子育てや家事という日常の煩《わずら》わしさから、自分自身を解放するのです。

思い切って、現実から、自分を遠ざけてみるのです。そうすることで、心のエネルギーを蓄えるのです。

〝閉鎖〟とは、お母さん自身が、自分と厳《きび》しく向き合い、〝対決すること〟を、少しの時間、避《さ》けることを意味します。

真面目《まじめ》なお母さんほど、毎日、一生懸命、自分自身と向き合っているものです。

自分が真面目だと思われるお母さんは、時には、自分との対決を避けることで、自分自身の体と心に、栄養を補給してあげてください。

「間」を取るよう心がける

日々、忙しいお母さんのことです。育児に疲れたと感じたら、思い切って、子どもを夫に託《たく》したり、自分の親に預けることで、〝お母さんだけの時間〟を確保することです。

昼間、わずかな時間を見つけて、コーヒーを飲み、甘《あま》い物を口にしながら、好きな雑誌に目をとおすことです。

家族が寝静《ねしず》まった後で、一人で、静かに音楽に聴《き》き入る、というように、お母さんが、独《ひと》りぼっちになれる時間を、ぜひ、つくり出してください。

家族とのかかわりをやめて、気の合う友だちとランチをともにしたり、ショッピングを楽しんでください。

ほんの少しでも、けっこうです。自分だけの時間を確保することで、生きるエネルギーを充電することができます。

よく「間《ま》が抜けて魔《ま》が差す」といわれます。休息という「間」が欠けると、ストレスという得体《えたい》の知れない「魔」が、お母さんに襲《おそ》いかかってきます。

文章でもそうですが、読点や句点が少ない文章は、読みづらく、疲れてしまいます。日々のストレスからお母さん自身を解放するためにも、「、」や「。」に相当する「間」を、ぜひ、うまく取るように、心がけてください。

ちょっと一休みできる、お母さんだけの〝わがままな時間〟を、うまく確保すること。そして、お母さんが元気を取り戻すこと——。

そのことが、一見、無駄《むだ》で、遠回りのように見えても、少し長い目で見れば、間違いなく、
子どもや家族に、良い影響を及ぼしていくのです。

★第2節　〝OKである〟と前向きに！

子どもを育てるという過程においては、親でしか味わえない大きな喜びや楽しみがあります。

しかし、その一方で、お母さん自身の失敗を悔《く》やんだり、自己否定的な考えに陥《おちい》ったりすることも、一度や二度ではないはずです。

多忙な日々の中で、十分、子どもにかまってやれなかった、もう少し、子どもの話を真剣に聞いてやればよかった、といった後悔《こうかい》の念をもたれた経験のあるお母さんも、おられることでしょう。

経済的な理由で、子どもにつらい思いをさせている、体が弱く、子どもに寂《さび》しい思いをさせてしまっている、というように、自分自身をついつい、責《せ》めてしまいがちになることもあるかもしれません。

〝基本的構え〟とは

心理学の交流分析理論では、こうした自分や他人に対するものの見方や考え方のことを、〝基本的構《かま》え〟（basic positions）と呼んでいます。

〝基本的構え〟は、小さいころからの、親との関係の中で培《つちか》われてきた、自分や他人に対する見方、態度のことをいいます。

〝基本的構え〟とは、お母さん自身がたずさえている、自分に対するイメージや他人に対するイメージといってもいいでしょう。

この〝基本的構え〟は、大きく、①「私も他人もOK（オーケー）である」（自己肯定《こうてい》・他者肯定）、②「私はOKではないが、他人はOKである」（自己否定・他者肯定）、③「私はOKだが、他人はOKでない」（自己肯定・他者否定）、④「私も他人もOKでない」（自己否定・他者否定）の、四つに分けられます。

この中で、最も心配されるパターンは、④の「私も他人もOKでない」という、「自己否定・他者否定」の構えです。

このパターンの人の場合には、自分や他人に対する見方、すなわち、心理学でいう〝認《にん》知《ち》〟を、変えていく必要があります。

これに対して、最も望ましいパターンは、いうまでもなく、
①「私も他人もOKである」という、「自己肯定・他者肯定」の構えです。
この構えは、自分の存在も、他人の存在も、両方とも、ポジティヴに評価できていて、最も安定感があります。

〝OKである〟と前向きに

自分や周《まわ》りの人との関係を考えていく上で、何よりも大切なことは、まず、お母さん自身が、自らが歩《あゆ》んできた道や生き方を、「I am OK.」（アイ　アム　オーケー）であるとして、前向きにとらえていくことです。

「I am OK.」とは、生きている価値がある、自分は社会に役立っている、自分には能力がある、自分は愛されているというように、自分を肯定的に見ていくことをいいます。

心の健康を維持していくための基本は、自分の存在を、肯定的に評価していくことが大事です。

子育ての面でも、お母さん自身が、子どもとのかかわりをマイナス思考でとらえるのではなく、プラス思考で評価していこうと心がけることです。

子どもに対する、お母さん自身のかかわりを、肯定的にとらえていくのです。

お母さん自身の振る舞いや子どもとのかかわりを、「ＯＫである」として、前向きにとらえていくことは、お母さんの心の安定をはかっていく上でも、とても重要です。

「多忙な毎日の中で、精《せい》いっぱい、子どもとかかわっている自分がいる」「迷惑《めいわく》をかけてきたかもしれないが、だれよりも、強く子どもを愛している」「親としては、60点のできかもしれないけれど、一生懸命《いっしょうけんめい》な自分に、〝合格点〟をあげたい」というように、お母さん自身の日々の努力を、前向きにとらえていくことです。

「子育てに自信をなくしてしまった」「子どもにかまってやれなかった自分が、悔やまれる」「私は、母親として失格だ」というように、自分自身に対する評価を、〝I am not OK.〟（アイ　アム　ノット　オーケー）にしないことです。

長所を〝値引き〟しない

お母さん自身の頑張りを認めず、過小評価することを、交流分析では、〝値引《ねび》き〟(discounting)と呼んでいます。

〝値引き〟とは、問題解決のための情報があるのに、気づかずにいたり、素晴らしい長所をもった自分がいるのに、それを、一向《いっこう》に、認めようとしないことです。

母親としての役割が果たせていない、と思うことです。その結果、自分を責めて、イライラ感を募《つの》らせてしまうのです。

「子どもに十分にかまってやれない、自分は駄目《だめ》だ!」と、本来の自分の仕事ぶりや能力を、ディスカウントして、割り引いて見てしまうことです。

自分の価値を、自分で下げてしまうことです。

自分を必要以上に、否定的に見るといった行為は、まさに、お母さん自身の良さや長所を、ディスカウントしている状態であるといえるでしょう。

多くのお母さん方は、仕事をかかえ、家事に追われる中で、子育てに奮闘《ふんとう》しておられます。

お母さんは、そんな頑張っている自分に、ぜひ、〝I am OK.〟という、プラスの評価をしてあげてほしいのです。

そのためには、子育て経験が豊かな、先輩のお母さん方の失敗談や声に、真摯《しんし》に耳を傾けることも、ぜひ忘れないでいただきたいと思います。

★第3節　日々、〝感動〟を新たに！

皆さんは、古代ギリシャの哲学者、プラトンを、よくご存じのことと思います。

彼の著作の多くは、師であるソクラテスを語り手とする、対話の形式をとっています。

その代表的な著作の一つに、『メノン』（藤沢令夫訳・岩波文庫）があります。

『メノン』という作品は、珠玉《しゅぎょく》の短編として、プラトンの哲学を学ぶ上で、最良の書であるとされてきました。

作品では、〝徳とは何か〟について、ソクラテスと、青年メノンとの哲学的な対話が、展開されています。

シビレエイの譬え

その中で、「シビレエイが、自分自身がしびれているからこそ、他人もしびれさせる」という、有名な譬《たと》えが出てきます。

この作品において、二人の対話が進む中で、作者プラトンは、メノンに、「あのシビレエイも、近づいて触《ふ》れる者をだれでもしびれさせるのですが、あなた（ソクラテス）がいま、私（メノン）に対してしたことも、何か、それと同じことのように思われるからです」と、語らせています。

発電器官をもつシビレエイは、近づいてきた魚に放電し、けいれんさせることで知られています。

二人の語らいが進む中で、青年メノンは、ソクラテスの人間的な魅力や、影響力のすごさを、シビレエイにたとえたのです。

こうした譬えは、相手の心に響くかかわりを可能にするためには、まず自らの心が、躍動感《やくどうかん》にあふれている必要があることを、私たちに、教えてくれているように思います。

自身の心が躍動していなければ、どんなにきれいな言葉を並べたとしても、相手の心を動かすことはできません。

相手を、感動させることはできないのです。

相手の心は、自分の心が振動《しんどう》していてはじめて、動くのです。

このことは、親子関係においても、あてはまります。

心が共鳴する体験を

「琴線《きんせん》に触れる」という言葉があるように、お母さんは、さまざまな人との出会いや出来事に、心を動かし、共鳴《きょうめい》する体験を、積んでいくことが大切です。

ご苦労をされた婦人の話に、目にいっぱいの涙を浮かべて、聞き入っているお母さんがいます。

子どもと手をつないでの帰り道、夜空に映《は》える月光《げっこう》の美しさに見とれて、「わあ、きれいなお月さま!」と、思わず叫《さけ》んでいるお母さんもいます。

飼《か》っている犬と、うれしさいっぱいの表情で、じゃれ合っているお母さんもいます。

友だちに、やさしく接しているわが子を見て、うれしさのあまり、顔をくしゃくしゃにしているお母さんもおられることでしょう。

心を動かされた映画の内容を、感じたままの言葉で、一生懸命、子どもに語りかけているお母さんもいます。

幼い子に、絵本を読み聞かせていくうちに、主人公の動物の生き方に、思わず、感極《かんきわ》まって、こみ上げてくる涙を、おさえられないお母さんもいるにちがいありません。

〝感動〟というお母さんの心の振動は、知らず知らずのうちに、子どもの心に、良い影響を及ぼしていきます。

心動かされる出会いを

子どもは、親が意図的に教えようとしたこと以上に、普段《ふだん》の親のごく自然な振る舞いの中から、実に多くのことを吸収し、学び取っているものです。

お母さんの一日は、時計とのにらめっこ。炊事《すいじ》・洗濯《せんたく》、子どもの世話、パート勤務と、目の回るような忙しさです。

そんな多忙な日々の中にあっても、お母さんは、心動かされる出会いや体験を、ぜひ大切にしていただきたいと思います。

子どもに良い本に触れさせる、良い音楽を聴《き》かせる、すぐれた絵画を見せる、動物と触れ合う機会をもつ、大自然の美しさを肌《はだ》で感じさせる、といった体験を積ませることも大切です。

人間としての素晴らしさは、〝感動する心〟を、常に持ち続けることにあります。物事に深く感じて、心を動かすことができるのは、人間の特権でもあります。

お母さん自身が、日々、感動を新たにすることで、子どもは、生命の尊さや、生きることの喜びを実感できる人間へと、大きく成長していきます。

そうした意味では、子どもとともに笑い、子どもとともに泣き、子どもとともに喜び合える機会や時間を、ぜひ、大切にしてもらいたいと思います。

★第4節　自分らしさを求めて

創価大学の通信教育部では、老若男女《ろうにゃくなんにょ》が勉学に励んでいます。

その中には、90歳を超えてなお、かくしゃくとして、勉学に挑戦しておられる男性がおられます。

母親通教生の方々もまた、多数おられます。スクーリングでのお母さん方の受講態度は、真剣そのものです。

どの授業でも、最前列の席のほとんどは、母親通教生の方々で占《し》められています。

真剣な母の姿

多忙な家事や子育て、お仕事の合間《あいま》を縫《ぬ》って、真剣に、学んでいるお母さんがいます。

早朝から、新聞の配達を終えて、家族の食事の支度《したく》をすませ、その足で、授業に駆《か》けつけてこられる、向学心旺盛《おうせい》なお母さんもいます。

遠くアメリカやイギリス、フランス、オーストラリア、イタリア、韓国など、海外から、旅費を工面《くめん》して、夏や秋のスクーリングに参加されているお母さんも、大勢おられます。

かつて不登校を経験した娘さんとともに、肩を並べて、学んでいるお母さんもいます。娘さんも、お母さんの思いにこたえようと一生懸命《いっしょうけんめい》、頑張っています。お母さんも、わが子の成長を願って、真剣そのものです。

お子さんを立派に育て、今は、ご夫婦で仲良く、勉学に励んでいるお母さんもいます。授業中も、温かな夫婦関係が、私たち、教員にも伝わってきます。

家庭の経済的な事情で、若いころ、学校に通《かよ》えなかった、あるお母さんは、66歳で、定時制の高校を卒業し、そして創価大学の通信教育部に入学をしました。

今、嬉々《きき》として、学ぶ喜びを、味わっておられます。その間、二度の大病《たいびょう》も、見事に克服されてきました。

最愛のお子さんを亡《な》くされた、深い悲しみを乗り越え、亡きわが子に代わってという強い思いで、勉学に挑戦《ちょうせん》されているお母さんもおられます。

スクーリングの場は、母親通教生の意欲と活気に、満ちあふれています。

やりたいからやる〝内発的動機づけ〟

お母さん方は、単に、周《まわ》りからほめられたいから、あるいは認められたいからといった理由で、学んでいるのではありません。

お母さんたちの行動は、心底《しんそこ》、学びたいから学ぶという、自身の内側からの興味や関心に根ざしています。

つまり、お母さんたちを、行動に駆《か》り立てているもの（動機づけ）は、心理学でいう、自分自身がやりたいからやるという〝内発的動機づけ〟（intrinsic motivation）に裏打ちされているのです。

これに対して、心理学では、外からの〝賞〟や〝罰《ばつ》〟、つまり、ほめられたり、叱《しか》られたりすることで、行動が喚起《かんき》されることを、〝外発的動機づけ〟（extrinsic motivation）と呼んでいます。

〝内発的動機づけ〟というのは、〝外発的動機づけ〟とは違って、人から言われたから、あるいは、周りから指摘されたから、行動を起こすというものではありません。

行動すること、学習することそれ自体に、喜びや楽しさを実感できる動機づけのことです。こうした大学でのお母さん方の真剣な学習態度に接していますと、本当に頭が下がります。

母は〝生き方〟のモデル

母の真摯《しんし》な学びの姿勢は、人間としての生き方の上で、10代、20代の若い学生たちにも、大きな刺激となっています。

いじめや学級崩壊《ほうかい》など、教育の荒廃《こうはい》が叫ばれる現代にあって、学生たちが真剣に学ぶ創価大学の通信教育の場は、まさに、理想の学舎《まなびや》であるといっても過言ではありません。

教師もまた、一人の人間として、母親通教生の方々から、実に、多くのことを学んでいます。

真の人間教育は、教師が生徒に一方的に教えるだけでなく、教師自身もまた、学生から学ぶという双《そう》方向の関係の中にこそ、あるといえます。

懸命に学ぶ母の姿は、人生の教師として、私たちに生きる勇気と希望を与えてくれます。お母さんの留守を、陰で支えてくれている子どもたちや家族もまた、母の後《うし》ろ姿から、学校では、決して学ぶことのできない大切なことを、学び取っているにちがいありません。

通教生にかぎらず、お母さんが、人生に目標と夢をもって、前向きに頑張っている姿は、子どもたちの心に深く刻《きざ》まれ、親への確かな尊敬の念を、はぐくんでいきます。

親が真面目《まじめ》に、ひたむきに生きる姿や、親が真剣に仕事に打ち込んでいる様子、親のたえざる向上心は、親が意図的に繕《つくろ》って、子どもに伝えようとしているものではありません。

むしろ、それは、教育学でいう〝潜在的カリキュラム〟や〝かくれたカリキュラム〟(hidden curriculum)となって、知らず知らずのうちに、自然なかたちで、子どもたちに伝えられ、子どもの成長に、良い影響を及ぼしていくのです。

★第5節　先輩ママの〝知恵〟

私は、仕事柄《がら》、子育て経験豊富な、たくさんのお母さんから、話をうかがう機会があります。

子どもの発育に関すること、生活習慣やしつけにかかわること、友だち関係や思春期の悩み等々――さまざまな子どもの問題に直面してこられたお母さんの体験からは、本当に多くのことを教えられます。

こうしたお母さん方のお話をうかがっていますと、そこには、子どもとのかかわりの面で、幾《いく》つかの共通点があることに気づかされます。

子どもを〝信じる〟

一つは、どのお母さんも、どんなときでも、「子どもを信じる勇気」を、たずさえてきたということです。

子どもは、生まれたときから、お母さんに、全幅《ぜんぷく》の信頼を寄せて、生きています。子どもにとって、お母さんは、世界で一番、信頼できる存在なのです。

ですから、お母さん自身も、母親を信じてやまないわが子に対して、同じく、「信頼」の二字で、こたえていく必要があります。

わが子が受験に失敗したり、不登校に陥《おちい》ったり、あるいは、万が一、非行に走ったりすることがあったとしても、子どもの立ち直りを、強く信じてあげてほしいのです。

子どもと〝かかわる〟

二つ目に、子育て経験が豊かなお母さんにいえること――。

それは、常日ごろから、子どもと積極的に向き合い、かかわりをもつ努力をしているということです。

子育て上手《じょうず》なお母さんは、常に、子どもとうまくかかわっています。日ごろの子どもとの何げない会話や挨拶《あいさつ》を大切にし、買い物や運動、遊びを、一緒に楽しんでいます。

勉強や体を鍛《きた》えることもそうですが、何事も、日ごろの持続が大事です。

子育ての面でも同じことがいえます。

日々の、子どもに対するちょっとした気づかいや、かかわりの積み重ねが、後々《のちのち》の子どもの成長に、多大な影響を及ぼしていきます。

子どもに〝学ぶ〟

そして、子育て経験豊富なお母さんに共通する、もう一つの点は、常に「子どもに学ぶ」という姿勢を、たやさないでいることです。

〝負《お》うた子に教えられて浅瀬《あさせ》を渡る〟ということわざがあります。これは、「背中におんぶした子に、浅い瀬を教えられて、川を渡ることがあるように、人は、時には、自分より年下の経験の浅い者から、物事を教わることもある」（『故事ことわざ辞典』）という意味です。

こうした譬《たと》えが示唆《しさ》しているように、親子関係にあっては、子どもに教えようとするだけでなく、子どもに学ぶという謙虚《けんきょ》さを持ち続けることが大切です。

後ろ姿は、親だけでなく、子どもにもあります。

日々、懸命《けんめい》に、純粋に生きている子どもの後ろ姿から、親は、一人の人間として、多くのことを学び取っていく必要があります。

仏教に学ぶ教育の視点

仏教の言葉に、

「『行《ぎょう》』と『学《がく》』という二つの道に、励んでいきなさい。『行』と『学』が途絶《とだ》えてしまったならば、仏法ではなくなってしまいます。自らもおこない、人にも勧めていきなさい。『行』と『学』は信心より起こるものです」（『日蓮大聖人御書全集』所収「諸法実相抄」趣意）

という、有名な一節があります。

この言葉は、本来、人間としての生き方や信仰のあり方について語っているものですが、その基本は、〝行い〟（行）と〝学び〟（学）にあるというのです。

そして、その〝行動〟（実践）や〝学び〟を支えているものが、法や人間へのあくなき〝信頼の心〟（信）であるというのです。

こうした仏法の視点は、そのまま、子どもの教育にもあてはまるように思います。

前述の、子育ての経験が豊かなお母さんたちが、教えてくれているように、子どもが健《すこ》やかな成長を遂げていく上で、大切なことは、何よりも、親が、子どもを信頼してかかることです。そして、子どもと強い愛情をもってかかわり、子どもから常に学ぶという気持ちを、たやさないことです。

このことが、親子という関係を、維持《いじ》していくための原則であるといえるのではないでしょうか。

若いお母さんは、①〝子どもを信頼する〟（信）、②〝子どもとかかわる〟（行）、そして、③〝子どもに学ぶ〟（学）、という子育て経験豊富なお母さんの知恵に、ぜひ学んでほしいと思います。

★第6節　母親と〝楽観主義〟

家庭教育という営《いとな》みは、その性格上、どうしても、理想を追求するということに親の目が向きがちです。

「子どもはかくあるべし」「子育てはこうあるべきだ」といった親の思いや願いだけが、一人歩きしがちです。

それは、社会や大人が期待し、望んでいる人間をはぐくもうとする教育の目的からして、ある意味で、やむを得ないことであるかもしれません。

理想と現実のはざまで

しかし、子どもを育てるにあたって、お母さんの心に、ぜひ、とどめておいてほしいことがあります。

それは、世間に〝良い家庭〟や〝良い親子関係〟はあったとしても、絵に描いたような理想の家族は、どこを見わたしても存在しないということです。

世の中に良い結婚はあっても、非の打ちどころがない理想のカップルなど、どこにも見あたらないのと同じです。

病弱なお子さんに、懸命に心を砕《くだ》いておられるお母さんがいます。うまく学校になじめない子や、勉強が思うように進まない子どもと、真剣に向き合っているお母さんもおられます。

わが子の生活態度や素行《そこう》の乱れに、頭をかかえておられるお母さんもいらっしゃることでしょう。

家庭にあっては、こうした子どもの問題に、さらに追い打ちをかけるかのように、夫や祖父母との関係、経済的な問題、家族の介護や病気のことなど、実にさまざまな問題が、お母さんの身に降りかかってきます。

どこのお母さんも、日々、本当に大変な中で、子育てという現実と格闘《かくとう》しているのです。

子育てや家庭のことで悩んでいるのは、決して、お母さん一人ではありません。

近視眼では目が疲れる

ですから、お母さんに、一つお願いしたいことがあります。

それは、わが子が置かれている状況に対して、否定的で性急《せいきゅう》な結論だけは避《さ》けていただきたいということです。「うちの子はもうダメだ」といった急ぎすぎた結論は、差し控《ひか》えてください。

目の前の子どもの問題を近視眼的に見ていると、お母さん自身の目が疲れてしまいます。私たちの目は、広々とした景色や遠くの物に向けられてこそ、やすらぐのです。

子育てにおいても、〝少し遠くを見つめる〟というお母さん自身の勇気が必要だと思います。

イギリスの映画俳優であり、監督《かんとく》でもあったチャップリン（C.S.Chaplin 1889～1977）は、〝喜劇王〟としての異名《いみょう》をもつことで知られています。

そのチャップリンが残した有名な言葉に、「人生はクローズアップで見れば悲劇。ロングショットで見れば喜劇」(Life is a tragedy when seen in close-up, but a comedy in long-shot.)
という言葉があります。
こうした言葉が教えてくれているように、親が、目の前のさまざまな子どもの問題だけに心を奪《うば》われていると、悲しみやつらさ、不安だけが膨《ふく》らんできます。
しかし、10年先、20年先に、長い人生を振り返ったときには、あのころ、どうしてあんなことで悩んでいたのか、落ち込んでいたのか、と思えるようになるものです。

遠くを見つめる勇気を！

親としての大切な役割は、目の前のわが子を信じて受容してあげること、そして、だれよりも子どもの成長の可能性を信じ抜く、強い意志に裏打《うらう》ちされた〝楽観主義《らっかんしゅぎ》〟で、現実と向き合っていくことではないでしょうか。

楽観主義という考え方やものの見方には、およそ、三つの特徴があります。

それは、目の前に、厳《きび》しい現実を突きつけられたときに、一つは、それを〝一時的である〟と見ることです。

望《のぞ》ましくない出来事は、そういつまでも長くは続かないと考えます。

二つ目の特徴は、〝特定的である〟と考えることです。

不幸な結果にいたったのは、たまたま、悪い条件が重なったからだ、と見なすのです。

そして、三つ目は、望ましくない事態を、〝外向的にとらえる〟ことです。

目の前の出来事は、自分にとって良き試練《しれん》であり、成長へのステップであると考えます。つまり、前向きに、プラス思考でとらえていくのです。

第1章でも紹介したアランというフランスの哲学者は、〝悲観主義《ひかんしゅぎ》は気分である〟のに対して、〝楽観主義は意志である〟と述べています。

すでに、述べてきたように、子どものことで、悩《なや》みをかかえ込むと、私たち親は、悲観的になり、気持ちが沈《しず》み込んでしまいがちです。

それは、ちょうど、池に投げ込んだ石が、またたく間に、水中に沈んでいく様子に似ています。池に沈んでいく石のように、私たちは、瞬時《しゅんじ》に、悲観的な気分に浸《ひた》ることができます。

しかし、いつまでも、悲観的な気分に浸っているだけでは、物事は、前には進みません。

親に、突きつけられた現実は、厳《きび》しいものがあるかもしれません。

しかし、たとえ、現実がどんなに厳しいものであったとしても、親としての大切な役割は、先を見据《みす》えて、成長の可能性を信じてやまない、強い意志に支えられた楽観主義で、子どもと向き合っていくことだと思います。

それは、他のだれびとも真似《まね》ることのできない、親にだけ許された、尊いかかわりなのですから——。

第5章

お母さんの喜び

★第1節　〝心の扉〟をひらく

日々の生活を、うるおいのあるものにしていくためには、さまざまな努力や工夫が必要です。

すでに、第4章・第1節「大切な〝心の一休み〟」のところで、触れてきましたように、心理学の交流分析理論（transactional analysis：TA理論）では、生活をうるおいのあるものにしていくこと、つまり、有意義に時間を活用していくことを、〝時間の構造化〟と呼んでいます。

うまく時間を過ごそう！

〝時間の構造化〟とは、私たちがうまく時間を過ごしたり、活用したりすることによって、しっかりと、心のエネルギーを蓄《たくわ》えていくことをいいます。

〝構造化〟という言葉は、あまり馴染《なじ》みのない言葉ですが、要するに、毎日、過ごしている時間を、まとまりのあるものにしていくことだと考えてください。

言い換えますと、うまく、刺激を求めることによって、心のエネルギーを回復していくことをいいます。これには、幾《いく》つかの種類があります。

あとの第2節、第3節でも取り上げて紹介していますが、〝時間の構造化〟には、幾《いく》つかの種類があります。

すでに、第4章・第1節では、そのうち、〝閉鎖《へいさ》〟(withdrawal)という考え方について触れてきました。

〝閉鎖〟とは、日々、家事や子育てに追われているお母さんが、多忙な毎日から、一時的に自分を解放して、体や心を、うまく休ませることでした。

〝儀式〟とは

さて、ここでは、〝時間の構造化〟のもう一つの種類である、〝儀式《ぎしき》〟(rituals)について、お母さんとご一緒に、考えてみたいと思います。

儀式とは、たとえば、学校生活を例にとりますと、入学式や卒業式、運動会や朝礼、帰りの会などの、儀礼的《ぎれいてき》な触れ合いのことをいいます。

家庭にあっては、夕食の時間や家族の誕生日祝い、法事《ほうじ》などの習慣やしきたりが、これに相当します。

私たちは、こうした機会をとおして、友だちや家族との交流や触れ合いを、維持《いじ》し、持続させることができます。

それは、表面的で、機械的な触れ合いの場であるといえるかもしれません。どちらかといえば、浅い交流です。

しかし、そうした時間をともにすることで、最低限の関係やつながりは、維持することができます。

心と心をつなぐ〝挨拶〟

日々の生活の中で、最も代表的な儀式は、〝挨拶《あいさつ》〟であるといえるでしょう。

「こんにちは」「おやすみなさい」といった、何げなく交わされる挨拶は、人と人との関係を、つなぎとめるための潤滑油《じゅんかつゆ》の役割を果たしています。

たとえば、すでに、第2章・第5節や第6節でも触れてきましたように、思春期《ししゅんき》ともなると、親子の会話も不足しがちです。親のかかわり方も、難《むずか》しくなります。

でも、起床時や帰宅時などに、親のほうから進んで、子どもと挨拶を交わし、明るく声かけをすることで、親子関係を、うまく維持していくことが可能です。

お父さんと息子が、ともに話下手《べた》で、家庭の中での会話が少なかったとしても、朝晩の挨拶を交わすことで、最低限の親子の関係は、保たれていくものです。

お母さんやお父さんのちょっとした努力や工夫で、反抗期の子どもも、案外、救われているものです。

心の扉を開こう！

「挨」や「拶」という字には、元来、「せまる」「そばにくっつく」「近寄る」「身をすり寄せて押し合う」といった意味があります。（『漢字源』）

お母さんが、進んで言葉かけをすることで、子どもの心に、生きる力やエネルギーが、吹き込まれていきます。

〝挨拶〟には、子どもにかぎらず、人々の心の扉《とびら》を開いていく、不思議な力があります。

私自身も、早朝の大学構内で、学生から、「おはようございます」と、笑顔《えがお》で挨拶をされ、元気をもらった経験が何度もあります。

もうそれだけで、昨日《きのう》までの疲れが、いっぺんに吹き飛んでしまいます。とても、幸せな気持ちになります。

あらゆる人間関係の一歩は、勇気ある言葉かけから始まる、といっても過言ではありません。

自ら、率先《そっせん》して挨拶のできる人は、人間としての魅力《みりょく》にあふれています。

挨拶は、子どもに言い聞かせて、教えるというよりは、自らの実践をとおして、子どもに伝えるものです。

日々の、何げないお母さんの振る舞いの中から、子どもは、人間としての大切なことを、学び取っていることを、忘れないでいただきたいと思います。

第2節　家族との〝語らい〟

〝一家団欒《いっかだんらん》〟という言葉があるように、家族での何げない語らいのひとときは、私たちを、この上ない幸せへと、いざなってくれます。

心理学の交流分析理論では、私たちが、日々、充実《じゅうじつ》した時間を過ごすことを、〝時間の構造化〟と呼んでいます。

〝時間の構造化〟には、すでに、幾《いく》つかの種類があることに触れました。

このうち、前節では、〝儀式《ぎしき》〟という考え方を紹介する中で、日々の親子関係において、〝挨拶《あいさつ》〟が大切であることに言及しました。

しかし、〝時間の構造化〟という考え方は、私たちの生活をうるおいのあるものにしていく上で、〝雑談〟(pastimes) の時間もまた、大切であることを教えてくれています。

しょう。

〝雑談〟が生きる力を生む

家族での語らいの時間は、〝雑談〟を楽しんでいるひとときである、といってもいいでしょう。

〝雑談〟とは、いってみれば、〝気晴《きば》らし〟の時間のことです。

食事どきや、居間で交《か》わされる〝雑談〟は、深い悩みが語られるカウンセリングの場などとは違って、きょうあった一日の出来事や、テレビで報じられていたニュース、あるいはショッピングや芸能界のことなど、たわいのない話題が中心です。

ですから、〝雑談〟は、ともすれば、時間の無駄遣《むだづか》いのように感じられるかもしれません。

しかし、それは、一見《いっけん》、時間の無駄遣いのように見えて、実は、私たちが、生きるエネルギーを蓄《たくわ》え、元気を取り戻していく上で、なくてはならない時間なのです。

たとえば、世のお父さん方が、居酒屋《いざかや》で、お酒を飲みながら、会社での不平不満を発散することも、〝雑談〟の中に含まれます。

同僚と酒を酌《く》み交《か》わす気晴らしの時間は、ストレス解消の機会になっています。元気を回復していくための手段です。

それは、前節で取り上げた〝挨拶〟と同様、なくてはならない心の潤滑油《じゅんかつゆ》なのです。

家族が共有できる時間

つい先日、高校生と中学生の娘さんがいる、お父さんとお会いしたときのことです。

私は、お父さんに、最も幸せだと感じるのはどういうときかを、たずねてみました。

すると、その物静かなお父さんからは、「妻と子どもたちが談笑《だんしょう》している声に、傍《かたわ》らで新聞に目をとおしながら、そっと聞き入っているときです」との答えが返ってきました。

このお父さんがおっしゃるように、幸せとは、家族が共有する、自然な時間の中にあることを実感します。

本当の幸せとは、決して遠い所にあるのではありません。

たくさんのお金を所有したり、社会的に偉《えら》くなるといった特別なことの中にあるのではありません。

このお父さんの言葉は、本当の幸せとは、家族との触れ合いという、最も身近なところにあることを、私たちに教えてくれているように思います。

私たちは、日々の生活に忙殺《ぼうさつ》されるあまり、一番、大切なことを、ついつい忘れてしまいがちです。

心に残る思い出づくりを

家族での和気藹々《わきあいあい》とした時間は、空気のようなもので、普段は、あまり意識されることはないかもしれません。

しかし、それは、長い人生においては、親にかぎらず、子どもにとっても、あたかも映画の名シーンのように、忘れがたい思い出として、心に深く焼きついていくものです。

心理学では、半永久的に、忘れられることなく維持されていく記憶のことを、〝長期記憶〟(long-term memory) と呼んでいます。

長期記憶には、その内容から考えて、「日本の首都は東京である」といった知識や学習に関するものや、運動や楽器の演奏などの技能的なものなど、幾つかの種類があります。

なかでも、中学生のときに、担任の先生から厳しく叱《しか》られたことや、母の日に、プレゼントをしたときのお母さんの飛切《とび》りの笑顔など、私たちの心に、特別な出来事や思い出として、永《なが》く残る記憶のことを、〝エピソード記憶〟(episodic memory)と呼んでいます。

ある日、あるときの家族との談笑の光景や、お母さんのやさしい微笑《ほほえ》み、お父さんの毅然《きぜん》とした立ち振る舞いは、何げないこととして過ぎ去っていくかのように見えますが、実は、子どもの心の中に、かけがえのないエピソード記憶として、焼きついているものです。

こうした家族との良き思い出は、やがて、子どもたちが大人へと成長して、社会の荒波に直面したときに、生きる希望と勇気を生み出す原動力となって、大きな力を発揮していくにちがいありません。

その意味で、お母さんは、笑顔あふれる、家族との語らいの時間を、だれよりも大切にしてほしいと思います。

★第3節　親子でリフレッシュ！

本章の第1節では、心理学の交流分析の「時間の構造化」における〝儀式《ぎしき》〟という考え方をとおして、親子関係における〝挨拶《あいさつ》〟の大切さについて触れました。

また、前節では、家庭の中での〝雑談〟の大切さについて、述べてきました。

こうした点に加えて、交流分析では、〝活動〟（activities）という時間の過ごし方もまた価値があることを、私たちに教えてくれています。

〝活動〟とは

そこで、本節では、日々の親子関係を、うるおいのあるものにしていくための〝活動〟のあり方について、お母さんとご一緒に、考えてみたいと思います。

〝活動〟とは、たとえば、ぶらりと散歩に出かける、旅を楽しむ、ボランティアをやってみる、スポーツジムに通《かよ》って汗を流す、ウオーキングをする、時間を忘れて趣味に没《ぼっ》頭《とう》する、町会の集まりや地域の盆踊《ぼんおど》りに参加するなど、外の世界や人と、積極的にかかわりをもとうとすることです。

つまり、私たちは、体を動かしたり、自ら行動に移す、あるいはまた、外の世界と積極的に交わることで、心地《ここち》よい刺激《しげき》や気分を、味わうことができます。

〝活動〟は、創造的で生産的な営《いとな》みです。私たちに、大きな満足感や充実感をもたらしてくれます。

大切な〝ストローク〟

つまり、活動をすることによって、自分自身への価値も高まり、さわやかな気持ちになります。

交流分析では、こうした心地よい刺激や気分のことを、〝ストローク〟(stroke)と呼んでいます。

この言葉には、元来、「なでる」や「さする」、「やさしくする」といった意味があります。
ストロークは、〝心の栄養源〟――。私たちの元気や、やる気の源《みなもと》です。
子どもが、大きく成長していくためには、お母さんから愛撫《あいぶ》される、お母さんが微笑《ほほえ》みかけてくれる、お母さんからほめられる、感謝されるといった、肯定的《こうていてき》なストロークを得ていくことが、とても大切です。

私たちが進んで行動し、動き、人と触れ合うことによって、ストロークは、一層《いっそう》、高まっていきます。

生きている喜びを、実感することができます。

日々の生活の中で、お母さんがストレスをかかえ込まないためには、時には、好きなことをする、やりたいことをやるための時間を、うまく工夫して、つくり出していくことも大事です。

こうしたやりたいことをやる時間を確保していくことも、お母さん自身に、ストロークを与えていくことになります。

お母さんが、好きなことに打ち込める時間をもつということは、いつも若々しく、心のバランスを維持していく上でも、とても大切なことです。

それは、子どもの幸せのためにも、間違いなく、プラスの効果をもたらしてくれます。

お母さん自身の健康のためにも、さまざまな活動をとおして、たくさんのストロークをもらって、心の充電をおこなってほしいと思います。

時間と空間をともにする

子どもが食事の手伝いをする、ケーキを作る、スイミングやピアノなどの習いごとをする、サッカーに打ち込む、といったことも、すべて、〝活動〟の中に含まれます。

〝活動〟では、たとえば、包丁《ほうちょう》や電子レンジ、水着、楽器、ボール、ユニフォームなど、何らかの道具を使うのが特徴です。

親子関係をうるおいのあるものにしていくためには、お母さん自身が、子どもと行動をともにすることです。そして、それを、だれよりも楽しむことです。

料理好きなお母さんは、子どもと一緒に時間を過ごすことで、ケーキ作りを、存分に楽しんでください。

子どもたちと遊園地に出かけたら、お母さん自身も、ジェットコースターや観覧車《かんらんしゃ》に乗って、子どもとともにできる時間を、心から、楽しみたいものです。習いごとや運動も同じです。時には、子どもと一緒にピアノを弾《ひ》く、一緒にサッカーをすることで、親としての喜びを、存分に味わってください。

演奏会やバレーの発表会、野球の試合でのわが子の頑張りに、心から声援を送ることで、充実したひとときを過ごせるのも、〝活動〟の醍醐味《だいごみ》といえるでしょう。

子どもとともに触れ合う時間をもち、空間を共有することは、子育ての原点だと思います。

そこには、体と体の触れ合いがあり、心と心の触れ合いがあるからです。

お母さんは、子どもと一緒に、〝活動〟を楽しむという気持ちで、ぜひ、体も心も、リフレッシュしてください。

☆第4節 〝読み聞かせ〟を楽しもう！

本に親しむということは、人が人として、成長を遂げていく上で、とても大切なことです。

本来、本に親しむ、読書の習慣を身につけていくことで、子どもの感性は、大きくはぐくまれていきます。

ＯＥＣＤ（経済協力開発機構）が、15歳児を対象に、２００３年におこなったＰＩＳＡ（program for international student assessment）と呼ばれる学力調査では、子どもたちの「読解力」は、フィンランドが47カ国中第1位でした。

大切な読書環境

この国の首都であるヘルシンキは、人口がおよそ63万人ですが、このヘルシンキには、数多くの図書館があり、市民や子どもたちが、きわめて本に親しみやすい環境が整えられています。

ヘルシンキとほぼ同じ人口を有する、わが国のある市の図書館の数が、分館を含めても、わずかに10館であることを考えますと、読書環境の差は歴然《れきぜん》であるといえそうです。

また、町の図書館員も積極的に学校に出向いて、国語の時間に特別授業をおこなうなど、子どもたちをいかに本好きにさせるかということに、心を砕《くだ》いています。

読書は、子どもたちに、たくさんの心の栄養を与えてくれます。

前節で触れた〝ストローク〟を、子どもたちにプレゼントしてくれます。

私たちはまた、読書によって、自分への気づきを深めることができます。

自分の間違いに気づかせてくれたり、自分の生き方を応援してくれるような考えに、出合うこともあります。

本に親しむ子どもをはぐくんでいくためには、親が自然なかたちで、良き手本となるように、本と接していること。そして、幼いころから、本の読み聞かせをしてあげることが大切です。

お母さんは、わが子への読み聞かせを、楽しんでおられるでしょうか?

本の読み聞かせには、次の三つの良さと味わいがあります。

心の触れ合いの時間

読み聞かせは、親と子の語らいの場です。心と心の触れ合いがあります。

さまざまな本の中でも、絵本は、親が子どもに読んで聞かせるものです。

子どもは、絵本を読んでもらうのが大好きです。何度も、お母さんに、せがんできます。

読み聞かせの最中《さいちゅう》も、疑問に思ったことや知りたいことを、しつこいまでに、たずねてきます。

お母さんは、どんなに忙しくても、子どもの質問に、丁寧《ていねい》に答えてあげることで、子どもは、より一層の信頼を寄せていきます。

お母さんが、ますます、好きになるにちがいありません。

〝聞く力〟をはぐくむ

最近の子どもたちは、〝聞く力〟に劣《おと》るといわれますが、読み聞かせによって、子どもの感性や聞く力もまた、大きくはぐくまれていきます。

ラジオから流れてくる、美しい朗読《ろうどく》の声に、思わず聞き入ってしまうように、心のこもった読み聞かせは、子どもの心を引きつけます。

そして、想像力をかきたてます。登場人物と、自分を重ね合わせることで、人に、共感できる力を、培《つちか》っていきます。

生あるものを慈《いつく》しむ心を、はぐくんでいきます。

学級崩壊《ほうかい》の原因の一つにも、子どもたちの聞く力が、十分に育っていないことが考えられます。

読み聞かせの素晴しさは、相手の話に、耳を傾けるという、人間関係の基本をはぐくんでいくところにあります。

親子だけの至福の時間

読み聞かせは、親と子がともに、幸せな気分を実感できる、ひとときです。

そこには、親と子だけの空間があります。

日々、家事や子どもの世話に追われるお母さんにとって、読み聞かせは、時に大きな負担に感じることがあるかもしれません。

また、心身ともに疲れ果てたときなど、子どもから離れたいと思うこともあるでしょう。

しかし、親として、子どもに本を読んで聞かせることができるのは、長い人生の中でも、ごくわずかなかぎられた期間です。

親は、わが子が成長し、大人になってはじめて、そのことに気づかされるのです。

その意味で、お母さんは、子どもとのかけがえのないひとときを、何よりも、大切にしてほしいと思います。

家庭での本の読み聞かせは、親子だけに与えられた、至福《しふく》の時間なのですから――。

★第5節　愛情は〃食育〃の基本

最近、「食育」への社会的な関心が、高まりつつあります。

平成17年に成立した「食育基本法」でも、子どもたちが豊かな人間性や生きる力を身につけていく上で、「食」が大切であることに言及しています。

村井弦斎の「食育論」

「食育」という言葉は、明治時代の作家であった、村井弦斎《げんさい》の小説『食《しょく》道楽（下）』（岩波文庫）の中に、見られます。

ちなみに、『食道楽（下）』の中では、鮎《あゆ》の料理、鳥料理、梅料理、蒸《む》し料理、野菜の煮物《にもの》、冷肉《れいにく》料理、鰺《あじ》料理、チーズ料理、赤茄子《なす》ジャム、ライスカレーから、ビスケット、アイスクリームにいたるまで、実にたくさんの料理のメニューが紹介されています。

『食道楽（下）』の中で、弦斎は、「今の世は、しきりに体育論と智育論との争いがあるけれども、それは程《ほど》と加減によるので、智育と体育と徳育の三つは、蛋白質《たんぱくしつ》と脂肪と澱《でん》粉《ぷん》のように、程や加減を測《はか》って配合しなければならん」とした上で、子育てにおいて、まず、智育や体育よりも、一番大切な〝食育〟の研究をしないのは、迂《う》闊《かつ》である、と述べています。

その上で、具体例をあげ、ニワトリを飼《か》っても、食べ物が悪ければ、卵をたくさん産まないように、牛を飼っても、食べ物が良くなければ、牛乳の質が悪くなるように、馬を飼っても豚《ぶた》を飼っても、食物の良否で体質が変わるとした上で、人間もまた同じであると、独自の考えを展開しています。

弦斎はまた、家庭教育についても、興味深い考え方を示しています。つまり、人の品《ひん》性《せい》は、学校教育よりも家庭教育に感化されること、家庭教育を怠《おこた》っておいて、学校が子どもを悪くするように思うのも間違いであることに言及しています。

その上で、親は、家庭では、子どもの品性を十分に養い、学校では、ただ、その仕上げをしてもらうくらいに、心得ておく必要があるとしています。

好き嫌いが目立つ日本の子ども

私たち（創価大学21世紀研究プロジェクト）は、２００８年に、マレーシアやネパール、中国の新疆《しんきょう》ウイグル自治区、南アフリカ、イギリス、スペインなど、９カ国地域約９０００人の小学生を対象におこなった、国際比較調査結果を発表しました。

調査では、食生活について、「食べ物に好き嫌《きら》いがあるか」を調べました。

その結果、「大変好き嫌いがある」と「まあ好き嫌いがある」を合わせた割合は、イギリスや南アフリカで低く、ともに25％。

これに対して、日本の子どもは、64％を超え、好き嫌いの多さは9カ国中、1番でした。

ちなみに、お隣《となり》の韓国や台湾、新疆ウイグル自治区でも、40～50％の範囲にとどまりました。

たとえば、中国の新疆ウイグル自治区では、ウイグル人はイスラム教徒なので、食卓にのぼる肉は、羊《ひつじ》の肉が中心で、豚肉は食べないなど、国によって食習慣に違いはあるものの、恵まれた生活環境で育っている日本の子どもたちの実態が、あらためて浮き彫りになったといえます。

「晩ご飯は、家族みんなで食べるか」との質問でも、「大変よく」と「まあ」をあわせた割合は、ネパールや南アフリカ、イギリス、スペインなどでは、85％～90％に達しているのに対して、日本では、60％にとどまっており、家族で夕食をともにする割合も、日本では、かなり低いことがわかりました。

ここでも、日本の食生活の課題の一端が、浮き彫りになりました。

食卓に〝心の栄養〟を

子どもたちのためには、バランスのとれた食事や、家族で食事をともにする時間が、大切であることは、いうまでもありません。

しかし、それ以上に、子どもの健《すこ》やかな成長のためには、お母さんの心のこもった食事づくりが、何よりも大切だと思います。

たとえ質素であっても、お母さんが、愛情をもって用意してくれた食事は、子どもにとって、何物にもかえがたい、最高の心の栄養なのです。

目の回るような日々の忙しさの中で、食事の準備をするということは、本当に大変なことです。

多忙さゆえに、食事の支度に、十分な時間が、とれないこともあるでしょう。

そんなときは、「きょうは、十分な晩ご飯ができずに、ごめんなさい。でもお母さん、一生懸命、作ったから食べてね」というように、心からの言葉を添《そ》えてあげてください。

心のこもった置き手紙も、効果的です。

一皿のカレーライスであっても、愛情というかけがえのない栄養が、詰《つ》まってさえいれば、それは、子どもにとって、世界で一番のごちそうなのです。

「食」という字は、見方によっては、「人」と「良」という字を合わせた漢字であると考えられます。

つまり、「食育」とは、「人を良く育てる」ということ――。

子どもを立派に育てるための基本は、食卓の中に、お母さんの愛情が、いっぱい詰まっていることに、尽きると思います。

人が人として育つためには、お母さんが、シャワーのように降り注いでくれる、あふれんばかりの〝心の栄養〟が、何よりも大切なのです。

★第6節　〝養護性〟をはぐくもう！

２０１８年の2月、文部科学省は、全国の小中高校生を対象におこなった、２０１６年度の「問題行動調査」の結果を発表しました。

それによると、児童・生徒による暴力行為は、約5万９０００件と、過去最多水準を保っています。

日本の子どもは〝内弁慶〟

前節で触れた、２００８年に創価大学21世紀研究プロジェクトがおこなった、９カ国地域の小学生を対象にした調査でも、「親に注意されるとカッとなる」という親への衝《しょう》動《どう》的な感情は、日本の子どもたちの場合、「大変よく」と「まあ」を合わせると56％で、最も高い傾向にありました。

ネパールや中国の新疆《しんきょう》ウイグル自治区の子どもでは、「カッとなる」割合は、わずかに10％程度でした。

ちなみに、２００４年におこなった、東京、ソウル（韓国）、香港《ホンコン》、高雄《カオション》（台湾）の四都市の小学生を対象にした調査でも、家族に注意されるとカッとなる傾向は、日本の子どもが50％を超え、やはり、ワースト1位。

自らの感情をうまく抑制《よくせい》できない、子どもたちの実態が浮き彫りになりました。

その一方で、前述の９カ国の国際比較調査では、「友だちと意見が違ったとき、自分の考えや意見を言う」と答えた日本の子どもは、「大変よく」と「まあ」を合わせても57％。９カ国中最下位で、集団場面において、主張性や表現力に欠ける、日本の子どもたちの実態が、浮き彫りになりました。

こうした結果は、いわば、家庭という〝ウチ〟の世界では、衝動的な感情に走りやすい半面、学校という〝ソト〟の世界にあっては、非主張的で目立たない、いわば〝内弁《うちべん》慶型《けいがた》〟の、わが国の子どもたちの特徴が、浮き彫りになりました。

大切な〝感情の理性化〟

創価教育の父・牧口常三郎《まきぐちつねさぶろう》先生は、『創価教育学体系（第3巻）』の中で、教育における6つの指標を示しています。

これは、教育の使命や目指すべき方向性を、わかりやすく、6つにまとめたものです。6つの指標とは〝感情の理性化〟、〝自然の価値化〟、〝個人の社会化〟、〝依人《えにん》の依法化《えほうか》〟、〝他律《たりつ》の自律化〟、〝放縦《ほうしょう》の統一化〟のことです。

ここでは、その第1番に、〝感情の理性化〟をあげていることに、注目したいと思います。

私たち人間は、〝感情の動物である〟といっても過言ではありません。〝喜怒哀楽《きどあいらく》〟という言葉があるように、さまざまな出来事に一喜一憂《いっきいちゆう》し、感情をあらわにします。

なかでも、怒《いか》りや憎《にく》しみは、コントロールすることが、最も難しいものです。

こうした感情に心が支配されると、私たちは、衝動的な行為に身をゆだね、本来の自分の良さを見失ってしまいがちです。

感情に支配され、自分を駄目《だめ》にしてしまいます。

牧口先生は、教育の目的は、ともすれば、感情や欲求に支配されがちで、わがままな振る舞いに陥《おちい》りやすい私たちを、自らをコントロールできる、人間的にすぐれた存在へと変えていくのが、教育の本来の役割であると、考えたのです。

教育の大切な役割は、自らの怒りや憎悪《ぞうお》の感情を抑制《よくせい》し、思慮分別《しりょふんべつ》をわきまえた、理性的な人間をはぐくんでいくところにあるといえます。

〝養護性〟をはぐくもう

そのためには、子どもたちの心に、〝養護性《ようごせい》〟をはぐくんでいくことが大切です。

養護性とは、たとえば、泣いている赤ちゃんを見て心配になったり、よちよち歩きの幼児を見て、「わあ、かわいい！」といった言葉や感情を表現できることをいいます。

疲れたお母さんを見て、「お母さん、大丈夫？」と気づかったりする心のことをいいます。

動物をかわいがる、しおれた花を見て、かわいそうになるという、〝いたわりの心〟のことです。

このように、赤ちゃんや幼児、子ども、老人やペットなどの動物、草花などが、〝養護性〟の対象となります。

かつて、私たちは、「バスや電車の中で、立っている人に席を譲《ゆず》るか」について、6カ国の子どもたちを対象にして、国際比較調査をおこないました。

その結果、「必ず譲る」と「まあ譲る」を合わせた割合は、台湾や韓国の子どもたちが、70～80％に達したのに対して、日本の子どもたちでは、50％台半ばにとどまりました。

こうした結果の背景には、日本の子どもの場合、席を譲る気持ちはあっても、実際に行動に移せる勇気がともなわないことが、関係していると考えられます。

しかし、そうした点はあるにせよ、日本の子どもたちの課題が、浮き彫りになっているといえます。

すでに、兵庫教育大学附属小学校では、平成14年度から19年度まで、特設教科として、「人間発達科」の研究に取り組むなど、子どもたちの社会性や養護性の育成に力を入れていますが、こうした試《こころ》みも、今後は、ますます重要になってくることでしょう。

人の痛みがわかる子どもに

養護性をはぐくんでいく最良の方法は、常日ごろから、お母さんのやさしさや温《あたた》かさを、子どもに体感させていくことです。

養護性はまた、「乳幼児や年配者をいたわる」「生き物や植物の世話をする」といった、体験活動をとおして、大きくはぐくまれていきます。

幼いころからの、ぬいぐるみ遊びや、動物の赤ちゃんの絵に関心を寄せる、幼児に興味を示す、遊びで親の役を経験することも大切なことです。

人間のもつ怒りの感情や攻撃性《こうげきせい》は、外から、力ずくで押さえ込もうとするだけでは、なくすことはできません。

何よりも、子どもたちの内面に、はたらきかけていくことが重要です。

お母さんのいっぱいの愛情と、豊かな触れ合いを体験できる環境づくりで、人の痛《いた》みがわかる子どもを、ぜひ、育てていただきたいと思います。

こうした母の力と、賢明《けんめい》な振る舞いによって、牧口先生の教育思想は、現代に、より一層、大きな光を放っていくにちがいありません。

あとがき

本書は、2009年8月24日から翌年の7月12日にかけて、聖教新聞の「教育欄」に、「お母さんにエール！――子育て学入門」というタイトルで、計30回にわたって掲載《けいさい》された連載記事に、新たに、加筆をし、まとめたものです。

丸1年に及んだ連載でしたが、聖教新聞社文化部の皆様方の、温かい励ましにより、無事、書き終えることができました。心から御礼を申し上げたいと思います。

新聞での連載が始まりますと、すぐさま反響があり、お母さん方を中心に、たくさんの共感のお手紙や、激励のお電話をいただきました。

地域のお母さん方が、子育てを考える学習会で、記事を活用してくださったり、インターネット上のホームページやブログでも、多くの読者の方々が、毎回の記事内容をご紹介くださり、本当にうれしいかぎりでした。

連載記事の内容は、お母さん方だけでなく、幼稚園や保育園、小・中学校で勤務されている多くの先生方も、保護者会や学校の会報等で引用してくださったともうかがい、筆者として、これ以上の喜びはありません。

読者の皆様の、真心からの「執筆者へのエール！」に、あらためて、感謝を申し上げたいと思います。本当にありがとうございました。

最後になりましたが、このたび、今回の連載記事を、快《こころよ》く、一冊の本にまとめてくださった第三文明社の編集部の方々に、心より御礼を申し上げる次第です。

２０１０年7月17日

筆　者

【引用・参考文献】

池田大作『幸福抄』主婦と生活社　二〇〇三年
市川源三・下田次郎『家庭教育』児童保護研究会　一九二三年
潮出版社編『創価教育の源流・牧口常三郎』潮出版社　二〇〇一年
大野風柳代表選者『日本一感動を呼ぶ「母」への一句』日本文芸社　一九九七年
小此木啓吾『こころの痛み――どう耐えるか』NHK出版　二〇〇〇年
学研辞典編集部『故事ことわざ辞典』学研　二〇〇五年
桂　戴作・杉田峰康・白井幸子『交流分析入門』チーム医療　一九八四年
クライン・A（片山陽子訳）『笑いの治癒力』創元社　一九九七年
グッドマン・D（帆足喜代子訳）『グッドマン博士の家庭教育の本』日本文化科学社　一九七一年
近藤　裕『夫と妻の心理学』創元社　一九八一年
シャファー・R『母性のはたらき』サイエンス社　一九七九年
杉田峰康著・TAネットワーク編『交流分析の基礎知識――TA用語100』チーム医療　一九九六年
創価学会編『日蓮大聖人御書全集』創価学会　一九五二年
創価大学・鈎　治雄研究室「日本・韓国・イギリスの成人にみる性役割意識」（二〇〇三年・『教育アンケート調査年鑑（下）』）創育社　二〇〇三年
創価大学二十一世紀研究プロジェクト（代表鈎　治雄・岡松龍一）「九カ国・地域の小学生にみる社会的スキル」（『二〇〇八年・教育アンケート調査年鑑（上）』）創育社　二〇〇八年
ドイッチェ・H（懸田克躬・原百代訳）「母性のきざし――母親の心理」（依田明・小川捷之編集『現代のエスプ

リNO.115　母親』至文堂）一九七七年
都丸けい子・庄司一子「生徒との人間関係における中学校教師の悩みと変容に関する研究」教育心理学研究
第五十三巻第四号　二〇〇五年
中村雨紅『中村雨紅詩謡集』世界書院　一九七一年
中村和子・杉田峰康『わかりやすい交流分析』チーム医療　一九八四年
長澤規矩編『新漢和中辞典』三省堂　一九六七年
新村出編『広辞苑（第六版）』岩波書店　二〇〇八年
日本大辞典刊行会編『日本国語大辞典（第二版）』小学館　二〇〇〇年
藤堂明保他編『漢字源』学研　二〇〇七年
プラトン（藤沢令夫訳）『メノン』岩波文庫　一九九四年
星野喜久三「表情の感情的意味理解に関する発達的研究」教育心理学研究　第一七巻二号　一九六九年
鈎　治雄「インタビュー・人間関係力を上げるには、『励ます』ことが大切です」「パンプキン」潮出版社
二〇〇八年五月号
鈎　治雄監修「子育ての基本Q＆A　Part3 中学生編」「灯台」第三文明社　二〇〇八年九月号
鈎　治雄「反抗期は親自身の生き方が問われる時」「灯台」第三文明社　二〇〇六年二月号
鈎　治雄『楽観主義は自分を変える』第三文明社　二〇〇六年
鈎　治雄『教育環境としての教師』北大路書房　一九九七年
鈎　治雄『親と子の心のふれあい』第三文明社　一九九六年
鈎　治雄・吉川成司『人間行動の心理学』北大路書房　一九九〇年
鈎　治雄「池田大作先生の『母親観』と家庭教育」（『創立者池田大作先生の思想と哲学（第三巻）』第三文明社）

二〇〇七年
鈎　治雄「子どもの成長発達と家庭」（木全力夫・鈎　治雄・柴田博文・角田冨美子・日高洋子共編著『家庭教育』創価大学出版会）二〇〇五年
鈎　治雄「変化の時代の子ども」（鈎　治雄・寺島建一・柴田博文・和田光一『子どもの育成と社会』八千代出版）二〇〇〇年
牧口常三郎『創価教育学体系Ⅲ』聖教文庫　一九七九年
松居　和『学校が私たちを亡ぼす日』エイデル研究所　一九八九年
松本　滋『宗教心理学』東京大学出版会　一九七九年
村井弦斎『食道楽（下）』岩波文庫　二〇〇五年
山村賢明『日本人と母』東洋館選書　一九七一年
山本伸一作詞・松原真美・松本真理子作曲「名曲ライブラリー（五）母」民主音楽協会

【索引】

【著者略歴】

鈎　治雄　（まがり・はるお）

1951年、大阪生まれ。大阪教育大学大学院教育学研究科修了。私立追手門学院小学校教諭、追手門学院大学教育研究所員を経て、創価大学教育学部教授。東洋哲学研究所委嘱研究員。

主要著書に、『楽観主義は自分を変える』『親と子の心のふれあい』『楽観主義は元気の秘訣』『人づきあいが楽しくなる心理学』『子育てが楽しくなる心理学Q&A』（以上、第三文明社）、『教育環境としての教師』（北大路書房）、『特別活動（改訂版）』（創価大学出版会）、『人間行動の心理学』（北大路書房　共著）、『特別活動の実践をどう創るか』（明治図書　共著）、『子どもの育成と社会』（八千代出版　共著）、『家庭教育』（創価大学出版会　共著）、『変貌する学校教育と教師』（東洋館出版　共編著）、『心の教育とカウンセリングマインド』（東洋館出版　共編著）などがある。

お母《かあ》さんにエール！　楽観主義《らっかんしゅぎ》の子育《こそだ》て

2010年8月31日　初版第1刷発行
2018年6月30日　初版第6刷発行

著　者　鈎《まがり》　治雄《はるお》

発行者　大島光明

発行所　株式会社　第三文明社

東京都新宿区新宿1-23-5　〒160-0022
電話番号　営業代表　03-5269-7144
　　　　　注文専用　03-5269-7145
　　　　　編集代表　03-5269-7154
振替口座　00150-3-117823
URL　http://www.daisanbunmei.co.jp

印刷・製本　奥村印刷株式会社

© MAGARI Haruo 2010　Printed in Japan

ISBN978-4-476-03306-9

乱丁・落丁本はお取り替えいたします。
ご面倒ですが、小社営業部宛お送りください。送料は当方で負担いたします。
法律で認められた場合を除き、本書の無断複写・複製・転載を禁じます。